KB064877

스탠리 마틴
의료 선교사의 편지
1916~1941

내한선교사편지번역총서 10

스탠리 마틴 의료 선교사의 편지 1916~1941

스탠리 마틴 지음
홍국평·김성언 옮김

역자 서문

스탠리 마틴이라는 이름을 들어 본 한국인은 아마도 많지 않을 것입니다. 물론 수천 명의 개신교 선교사들 모두를 알 수는 없습니다. 하지만 이분은 독립운동과 연관된 행적을 인정받아 건국훈장 독립장까지 추서 받은 몇 안 되는 외국인 선교사였기 때문에 독립운동사를 배우는 과정에서 한번쯤 언급될 공적을 남긴 분입니다. 그렇다면 기독교인들은 스탠리 마틴 선교사에 대하여 조금이라도 알고 있을까요? 다른 이들은 차지하고서라도 연세대학교 학부대학에서 수년 동안 기독교의 이해 과목을 가르치고 있는 번역자 스스로도 그에 대하여 전혀 모르고 있었다는 사실을 고백하면서 부끄러움을 감출 수 없습니다.

마틴은 캐나다 출신 의료 선교사였습니다. 선교지역 분할 원칙에 의해 함경북도와 만주 지역 선교는 캐나다 장로교에서 담당했는데 마틴은 만주 용정에 파송되었습니다. 당시 용정은 많은 한국인들이 이주해 살고 있었음은 물론이고 1919년 3월 13일 독립선언문이 낭독될 정도로 항일운동의 본거지 중 하나였습니다. 이로 인해 일찍이 이곳에는 일본 경찰들과 군인들이 파견되었고 독립운동을 저지하는 과정에서 수많은 한국인들이 목숨을 잃고 부상을 입었습니다. 이때 마틴은 의사로서 그들을 정성껏 치료함은 물론 병원을 독립운동의 모의 장소로 사용할 수 있도록 배려해 주었습니다. 뿐만 아니라 간도지역에서 자행한 일제의 만행을 세계 언론에 고발하는 일도 자처했습니다. 마틴은 1927년부터 한국을 떠나기 전까지 세브란스병원에서 교수로 사역하게 되는데 특별히 당시 한국 사회에 만연했던 결핵병을 퇴치하기 위한 노력을 기울였습니다.

마틴과 같은 의료선교사뿐만 아니라 개신교 선교사들은 근대 개화기 한국 사회에 지대한 영향을 끼쳤습니다. 그들이 어떠한 상황에서 그러한 사역을 감당했는지 그들이 보내고 받은 편지들에 고스란히 남아있습니다. 그래서 이분들의 편지를 모든 이들이 쉽게 접근할 수 있도록 디지털화 시키는 작업이 필요합니다. 이런 의미에서 한국연구재단의 인문사회연구소 지원사업의 일환으로 연세대학교 신과대학 부설 한국기독교문화연구소가 2020년 9월부터 시작한 "내한 선교사 편지(1880~1941) 디지털 아카이브 구축" 사업은 매우 중요합니다. 이 사업을 통해 한국에서 활동했던 주요 선교사들의 편지를 웹상에서 손쉽게 접근할 수 있을 것입니다.

그럼에도 불구하고 여전히 인쇄된 형태의 번역총서의 필요성이 요구됩니다. 이에 보고사를 통해 내한선교사번역총서를 출간하고 있습니다. 보고사 내한선교사번역총서 시리즈에는 위에서 설명한 "내한 선교사 편지(1880-1941) 디지털 아카이브 구축" 사업에서 수행하고 있는 선교사들 중에서 각 분야에서 커다란 족적을 남긴 선교사들을 엄선하여 소개하고 있습니다. 본 번역서를 통해 스탠리 마틴 의료 선교사의 숨겨진 헌신과 노고가 많은 분들에게 알려지고 오늘도 각자의 위치에서 신앙의 힘으로 살아가기 위해 노력하는 모든 분들에게 소중한 귀감이 되길 소망합니다.

2023년 4월 2일

김성언

차례

일러두기

1. 캐나다 연합교회 아카이브(United Church of Canada Archives) 소장본을 저본으로 하여 번역하였다.
2. 번역문, 원문 순서로 수록하였다.
3. 원문에서 식별하기 어려운 내용은 한 단어의 경우 [illegible]로, 두 단어 이상의 경우 [illegible_단어 수]로 표기하였다. 해당하는 번역문에는 [판독 불가]로 표기하였다.
4. 원문의 단어에 철자 오류가 있는 경우 해당 단어의 오른쪽에 [sic]으로 표기하였다.
5. 한국인의 실제 이름과 영문 표기가 일치하지 않는 경우는 실제 이름으로 표기하였다.

해제

1. 스탠리 마틴의 삶과 한국 선교

스탠리 마틴(Stanley Haviland Martin, 1890~1941)은 1890년 7월 23일 캐나다 뉴펀들랜드(Newfoundland) 세인트존스(St. Johns)에서 아서 마틴(Arthur W. Martin)과 샬롯 쿨타스(Sharlotte Coultas) 사이에서 태어났다.

1916년 캐나다 장로교로부터 선교사 직임을 부여받은 마틴은 부인 마가렛(Margaret E. Rogers)과 함께 만주 용정선교부에 파송되었다. 1898년부터 한국에 선교사를 파송한 캐나다 장로회는 미국 북장로회 선교부에서 인수한 원산 선교부를 중심으로 함경남북도 지역의 선교를 담당했다. 1901년 성진지부, 1904년 함흥지부를 설립한 캐나다 장로교는 점차 간도와 연해주 지역으로 선교지역을 확대해 나갔다. 1912년 북간도 지역을 여행한 바커(Archibald H. Barker), 맥도날드(Donald A. MacDonald), 럽(Alexander F. Robb) 선교사는 본국 선교부에 용정에 선교지부 건설을 요청했다. 마침내 1913년 바커 선교사 가족이 용정으로 이주하면서 용정지부가 설립되었다. 용정에 있는 제창병원 원장으로 재직한 마틴은 이곳에서 의료 선교에 이바지했다. 한편, 캐나다장로회 선교부의 선교병원인 제창병원은 진료소로 시작했으나, 1916년에 확장 공사를 시작해서 1918년 말 완성되어 현대식 병원으로 발전했다.

1919년 3·1 운동은 북간도 지역의 선교에도 영향을 끼쳤다. 북간도 지역의 민족 대표들은 이미 선언된 독립선언의 축하회를 열기로 결정했다. 이 '독립선언 축하회'는 용정의 서전대야(瑞甸大野)에서 개최되었다. 다른 지역과 마찬가지로 북간도 지역의 민족 지도자들 중에는 많은 기독교인들이 포함되었다. 이들은 독립선언 포고문 낭독에 이어 '정의인도'라고 쓴 대형 깃발을 앞세우고 태극기를 흔들며 시내로 진입했다. 이때 일본의 지령을 받은 중국군이 시위대를 향해 발포하면서 많은 사상자들이 발생했다. 이날 시위에서 총에 맞아 13명이 현장에서 사망하고 수십 명의 부상자들이 발생했다. 이들 사상자들은 모두 제창병원으로 옮겨졌다. 한국의 독립운동에 호의적이었던 마틴은 사망자들은 병원 지하실에 안치하게 하고 부상자들을 정성껏 치료해 주었다. 이후에도 제창병원의 부속건물들은 독립운동을 모의하는 장소와 숙소로 자주 이용되었다. 나아가 독립운동을 고취하기 위한 각종 문서들이 이곳 등사판으로 인쇄되어 배포되었다. 이러한 마틴의 지원에 감사해서 간도 지역의 대한국민회는 1920년 2월 이를 표창하는 기념패를 제작하여 그에게 수여하였다.

한편, 1920년 10월 간도를 침공한 일본군은 같은 해 12월까지 이 지역 한인촌을 대상으로 대대적인 학살과 방화를 자행했다. 당시 상해에서 발행되던 『독립신문』에는 10월 9일부터 11월 30일까지 피살 3,469명, 구금 170명, 강간 71명, 소실된 민가 3,209채, 학교 36개교, 교회 14개, 곡류 54,045섬으로 피해 상황을 보고했다. 당시 제창병원 원장으로 있던 마틴은 일본군의 감시와 협박에도 불구하고 그 병원 간호사와 함께 1920년 10월 말경에 일본군의 방화 학살 현장을 방문하고 사진촬영을 하여 '노루바위(장암동) 학살사건'이라는 보고서를 만들어 일본군의 학살 만행의 진상을 폭로했다.

마틴은 1927년 세브란스의학전문대학교 흉부내과 교수로 임용된다. 세브란스에서 재직하는 동안 마틴은 특별히 결핵 치료에 전념했다. 마틴은 폐결핵 연구 결과를 학술지뿐만 아니라 신문에 기고하여 당시 한국인들 특히 청년층의 고질병인 폐결핵 퇴치에 노력했다. 1928년 11월 21-22일자 『동아일보』에 연재한 "폐결핵을 아는 법과 치료법"이 대표적이다. 1936년 1월 1일자 『동아일보』 인터뷰에서 한국에 결핵병이 만연한 이유에 대하여 (1) 과로 (2) 비위생 (3) 불충분한 영양 섭취라고 안타까워했다.

1940년 미국과 일본 사이의 전운이 감돌자 미국 정부는 자국민 철수를 위해 마리포사호를 제물포(인천)항으로 보낸다. 마틴은 비록 캐나다 국적이었지만 그의 부인이 미국인이었기 때문에 이 배를 타고 한국을 떠날 수 있었다. 하지만 마틴은 이 배를 타고 다시 한국으로 돌아올 수 없게 되었는데 이듬해 7월 29일 생을 마감했기 때문이다. 그의 유해는 미국 버지니아주 리치몬드 리버뷰(Riverview)에 안치되었다. 마틴의 본래 계획은 조만간 한국으로 다시 돌아오는 것이었지만 그의 건강은 이를 허락하지 않았다. 미국으로 귀국

하기 전부터 마틴의 건강은 심각하게 좋지 못했다. 이미 이러한 사실은 동료 의료 선교사들의 검진을 통해 알려졌다. 그리고 미국에서 적절한 치료를 받기로 예정되었었다. 그리고 마틴은 자신의 건강이 회복되면 언제든지 한국으로 돌아와서 선교의 사명을 감당하겠다고 선교부에 수차례 밝혔었다. 한편, 대한민국 정부는 마틴이 만주지역에서 진행되었던 독립운동을 지원하고 특별히 간도학살(경신참변) 등 일본군의 만행을 국제사회에 폭로한 것을 인정하여 1968년 건국훈장 독립장을 수여했다.

2. 스탠리 마틴 컬렉션

마틴이 선교부에 보낸 60여 편의 편지들은 캐나다연합교회의 아카이브(United Church of Canada Archives)에서 보관하고 있는 소장본이다. 마틴이 보낸 편지는 시기와 대상에 따라 크게 두 가지로 나뉜다. 우선 선교사로 파송을 받은 1916년부터 1924년까지는 주로 캐나다 장로교 해외선교부 총무인 맥케이(Robert P. Mackay)와 암스트롱(Allen E. Armstrong)에게 다수의 편지를 보냈다. 한편, 캐나다장로교회(Presbyterian Church in Canada)는 1925년에 다른 2 교단과 통합하여 새로운 교단, 즉 캐나다연합교회(United Church of Canada)가 된다. 이때부터 마틴은 주로 선교부 총무인 암스트롱에게 편지를 보낸다.

마틴은 해외선교부에 보낸 초기(1916~1917년) 편지들을 보면 용정에 있는 제창병원(캐나다 장로교 병원)에 얼마나 많은 환자들이 몰려 왔는지 알 수 있다. 마틴은 방문한 환자 수와 그들을 치료할 때 사용된 약품의 비용까지 정확하게 기록하고 있다. 늘어나는 환자들을 더 이상 수용할 수 없어 병원을 증축하기에 이른다. 편지에 따르면 1918년 4월에 시작한 병원 증축은 11월 15일에 완료된 것으로 보인다. 마틴은 이미 1917년에 병원 증축과 관련된 계획과 비용에 대하여 해외선교부에 수차례에 걸쳐 편지를 보냈는데 이를 통해 그가 얼마나 병원 증축에 심혈을 기울였는지 알 수 있다.

1919년에 있었던 3·1 운동은 마틴의 선교 사역에도 많은 변화를 가져왔다. 마틴은 그해 5월에 선교부에 보낸 편지를 통해 독립운동 과정에서 많은 교회가 파괴되었고 일제에 의해 살해당한 한국인들의 시신은 병원 지하실에 보관되었다가 선교사들에 의해 기독교식 장례로 안장되었다는 소식을 전하면서 일제의 야만적인 행위를 막기 위해 선교부나 캐나다 정부가 무언가 해야 한다고 호소한다.

1922년 마틴은 안식년을 맞이하여 고국을 방문하게 된다. 마틴은 안식년 동안 후원하는 교회 등을 방문하며 선교 활동과 관련된 보고도 하지만 빼 놓지 않은 일이 있었다. 그것은 새로운 의술에 대한 재학습이었다. 보스턴에 있는 병원과 하버드 의과대학에서 세계 최고 수준의 수술과 치료 과정을 지켜 본 마틴은 한국(만주)에 돌아가서 새롭게 알게 된 방식으로 환자들을 치료하고 싶다고 고백한다. 이러한 장면을 보면 마틴이 얼마나 좋은 선교사이며 동시에 얼마나 훌륭한 의사였는지 알 수 있다. 그해 12월 8일자 편지에서 마틴은 남자 의사 2명이 병원을 운영하지 않는다면 과로로 죽게 될 수도 있다고 말한다. 그런데 이러한 마틴의 염려는 어쩌면 훗날 자신의 운명을 미리 감지했을 수도 있는 표현이었다. 실제로 마틴은 1940년 선교사들이 한국에서 피난가기 위해 미국행 마리포사호에 올랐을 때 이미 중병을 앓고 있었다.

마틴의 선교사역은 부인에게도 커다란 희생을 요구했다. 마틴이 1923년 7월과 8월에 암스트롱에게 보낸 편지를 보면 부인이 과로로 인해 병을 얻어 예정된 시기에 선교지로 복귀할 수 없다는 내용이 고스란히 담겨 있다. 그래서 마틴은 선교부에 휴가를 1년 더 연장해 달라고 요청한다.

한 가지 아쉬운 점은 1924년과 1925년에 마틴이 선교부에 보낸 편지가 거의 없다는 점이다. 1924년 5월 모일에 보낸 편지가 유일한데 이마저도 지붕회사에 보낸 편지 사본을 암스트롱에게 보낸 것으로 보인다. 따라서 이 사이에 어떤 일이 있었는지 알기 원하는 독자들은 마틴이 가족들에게 보낸 편지를 참조해야 한다.

마틴은 1927년부터 세브란스 연합 의과대학에서 근무하게 된다. 그런데 이 과정이 순탄한 것만은 아니었다. 제창병원에 많은 후원을 했던 오릴리아 교회의 반대가 있었음을 알 수 있다. 캐나다 장로교 소속의 오릴리아 교회는 마틴이 캐나다 연합교회에 소속되는 것 또한 반대했었다.

마틴이 세브란스 연합 의과대학에서 근무하면서 캐나다 해외선교부에 보낸 편지는 많지 않다. 아마도 세브란스 병원의 경우 재정적인 측면에서 캐나다 연합교회의 지원이나 요청을 받지 않은 것으로 보인다. 1938년에 보낸 편지들이 있는데 이 편지들은 안식년 동안 미국과 캐나다에서 보낸 편지들이다.

1940년 말과 1941년 초에 보낸 편지들은 많은 안타까움을 전한다. 선교사들의 피난선으로 불리는 미국행 마리포사호에 오르기 전부터 마틴은 이미 중병을 앓고 있었다. 미국에 도착하자마자 받게 될 여러 검사 일정들은 그가 얼마나 심각한 병을 앓고 있는지를 가감 없이 보여준다. 이러한 와중에도 마틴은 자신이 병에서 회복되는 대로 한국으로 다시 돌아갈 것이라고 분명히 말한다. 하지만 안타깝게도 마틴은 1941년 하나님의 부르심을 받는다.

번역문

1916년

1916년 6월 15일

중국
한국 일본
만주
회령 경유 간도 용정

맥케이 박사님께,

여기에서 우리의 사역 중 일부를 알려드리고자 합니다. 우리가 이곳에 온 지 4개월 만에 치료를 받은 환자들은 2월 15일부터 6월 15일까지 2,885명(중국인이 1/3)입니다.

마취상태 수술: 21 (명)

복부 포함

(토론토 스콧 박사님을 통해 [판독 불가] 돈으로 구입한 기구 세트로 실시함)

360명의 환자들이 주둔지 밖에서 방문했고 바커 씨 보고에 따르면 북쪽으로 200리에 있는 기독교인들 사이에서 [발생한] [판독불가] 전염병이 통제되었습니다(100명 중 20명이 사망).

의료 일정이 바커 씨의 전도 활동과 연계하여 일부 기독교 단체에서 진행되었습니다. 동봉된 편지에 스냅 사진은 별로 없습니다. 스콧 박사님과 귀하에게 친절한 안부를 전합니다.

진심으로
스탠리 마틴

추신. 우리는 가능한 빨리 시설이 완비된 병원을 원하고 있습니다. 우리는 하루에 환자 100명은 쉽게 받고 있습니다.

스탠리 마틴

하나님께서 우리에게 특별한 선을 베푸셔서 작은 진료소 기초가 이제 완공되었습니다.

1916년 9월 2일

만주
일본
용정
조선

회령 경유 간도

암스트롱씨에게,

짧은 편지를 통해 우리 모두 잘 있다고 전합니다. 바커 씨 부부는 연례 모임에서 아직 돌아오지 않아 우리만 지부에 남아 있습니다.

우리 진료소 건물은 완공되었고 회반죽으로 마무리했습니다. 하지만 태풍이 불어 어제 지붕 전체가 날아갔고 오늘 비로 회반죽이 씻겨 내려갔습니다. 저는 선장들이 자신들의 배를 찾고 있다는 소식은 들었지만 이 건물에 저처럼 많은 관심을 갖는 사람은 아무도 없습니다.

매일 오후 2시에 이 건물에서 이교도를 위한 예배를 드리고 있습니다. 제가 더 좋아하는 다른 예배가 있는지 모르겠습니다. 우리는 지금까지 대략 60회 수술했고 매일 40~50명의 환자들을 보고 있습니다.

여기에서 네 개의 회색 검정색 건물을 보는 것은 유감입니다. 단지 두 개만 사용되고 있는데 거기에 바커 씨 부부만 가고 있습니다. 오직 저희 건물만 사용될 것입니다. 저는 이 전쟁이 조만간 끝나기를 바랍니다. 의료 사역도 필요하지만 더 많은 목회자와 독신 여성들에 대한 요구가 더 큽니다. 여기의 사역 지구는 조력자들을 고대하고 있습니다. "희어져 추수하게 되었다"(요한복음 4:35)라는 표현은 이를 강력하게 표현하지 못합니다. 지금이 이 거대한 50만 백성을 위해 일할 때입니다.

저는 한국인 조력자가 한 명 있는데 그는 병동을 관리하고 있고 매일 아침 한국어를 배울 시간을 주고 있습니다. 어떤 이는 자연스럽게 백인 의사를 기다리고 있고 다른 이들은 심각한 경우들을 이야기하려고 합니다만 단지 세 명의 의사만 있습니다. 그 현장에서는 이 곳으로 누군가 일할 사람을 기대하는 것은 죄입니다.

이 나라는 바다에서 얻는 즐거움을 제외한다면 래브라도와 같습니다.

가뭄으로 모든 농작물이 시들어 버렸습니다. 이제야 비가 왔는데 대부분의 작물이 드러누운 것으로 보아 너무 늦지 않았나 걱정입니다. 이곳은 전체적으로 큰 농업 지역입니다.

교회에서 처음으로 새로운 환자들을 보는 것과 심각했던 상황이 많이 좋아졌다는 보고를 듣는 것은 흥미롭습니다.

바커 씨 부부는 매우 열심히 일합니다. 저는 일과 휴식을 겸하기 위해 바커 여사를 정기적으로 집으로 보낼 계획입니다. 우리들 나머지는 행복합니다. 우리 모두 바쁘기 때문입니다.

맥케이 박사님과 스콧 박사님께 경의를 표합니다.

진심으로,

스탠리 마틴

캐나다 장로교 병원

한국 (일본)
의사 스탠리 해빌랜드 마틴 - 만주 -
회령 경유
간도

암스트롱 씨에게,

귀하가 11월 10일에 보낸 편지를 받았고 맥켄지 박사님이 이 현장의 의료적인 요구에 관하여 저와 연락할 거라는 사실을 알게 되었습니다.

저는 이 좋은 계획을 돕기 위해 제가 할 수 있는 일을 하려고 노력할 것입니다.

우리는 여기에서 7,700명의 환자를 9개월 동안 치료했고 (제가 연례 회의에 참석하는 1달 반 동안에는 중단해야 했습니다) 마취 상태로 하는 수술을 120회 실행했습니다.

우리는 오늘 저녁에 여기에서 의료 사역을 지속하는 것이 타당한지를 논의할 것입니다. 이를 위해 1916년에는 단지 250불이 지급되었고 1917년에는 한국인 의사의 급여만 지급되었습니다.

필요사항

우리의 작은 진료소에 지난달 심한 장티푸스 환자가 남자 대기실에 있었습니다. 여자 대기실에는 2건의 안과 수술 환자가 있었습니다. 다른 6건은, 대부분 중국인인데, 8x12 피트 방에 있었고 (매우 심각한 의료 치료를 받았습니다.) 이외에 3명의 환자는 주둔지 하인들 집 중 한 곳에 있습니다. 우리는 수술 후 환자가 머물 곳이 필요합니다.

우리는 선교사나 그들의 하인들 중에서 7가지 산부인과 사례가 있었고 또 예상됩니다. 하지만 비상시에 필요한 장비들이 없습니다. 이것은 현장으로 오는 젊은 선교사들이나, 이러한 도움이 필요한 이곳의 여성들에게도 공평하지 않습니다. 진료소는 환자를 위한 어떤 숙박시설도 없으며 장비를 갖추거나 운영비를 받은 적이 없습니다.

금년 상반기에는 위급한 사례들로 인해 언어 공부는 중단되었습니다. (젊은 신입 의사는 1년차의 다른 고참 의학박사와 함께 배치해야 하기 때문에 의료적인 책임을 지지는 않습니다.) 하지만 지금은 한국 의사의 도움으로 언어에 적절한 양의 시간이 주어지고 있습니다. 그리고 조만간 다른 사람과 함께 첫 시험을 치를 예정입니다.

우리는 이번 크리스마스에 우리의 병원을 갖지 못한다는 사실에 실망했지만 수술 후에 환자들이 거처할 임시 장소가 지어 지길 희망하고 있습니다. 이 곳의 사역은 지속되어야 하거나 중단되어야 합니다. 이 곳의 교회 문제나 일반적인 방식으로 병원은 전체 공동체에 커다란 가치를 제공할 것입니다.

맥케이 박사님께 안부를 전하며,

진심으로

스탠리 마틴

1917년

1917년 1월 29일

캐나다 장로교 병원
만주

한국 (일본)
회령 경유
간도

의사 스탠리 해빌랜드 마틴

암스트롱 씨에게,

저는 귀하의 1916년 11월 14일자 편지를 받았습니다. 그리고 로스 씨를 통해 저의 손전등을 보내주심에 감사드립니다. 그 손전등은 제가 지금 하고 있는 위생학, 생리학, 조수들을 훈련시키는 수업에서 유용할 것입니다.

여기에서 의료 활동을 지속할 지 알 수 없고 운영비가 없기 때문에 저는 현지인 의사와 두 명의 간호사를 제외하고 모든 일꾼들을 해고했습니다. 후자(간호사)를 위한 비용은 한 달에 단 2 달러입니다. 우리가 여기에서 의료 활동을 지속할지 여부는 선교부가 무엇을 하느냐에 달려있습니다. 현재 우리는 마지막 약을 사용하고 있습니다.

모두에게 안부를 전합니다.
진심으로,
스탠리 마틴

1917년 2월 6일

캐나다 장로교 병원
만주

한국 (일본)
회령 경유
간도

의사 스탠리 해빌랜드 마틴
장로교 선교부

선생님들께,

이 병원에 관한 간략히 전할 편지 한 통이 선교부에 전달될 예정이기 때문에, 저는 여기에서 하는 일에 관하여 몇 가지 사실만을 알려 드리고자 합니다. 저는 군 의료 분야에서 아주 유용한 위치를 그만두고 1915년 캐나다를 떠나 이 곳에서 의료 선교를 하기 위해 왔습니다. 저는 현장에서 의료 장비를 받게 될 것이라고 들었습니다. 제가 여기에 도착했을 당시 심지어 선교사들을 도울 어떤 종류의 약품이나 도구들이 없었습니다. 우리가 요청한 250달러를 받아 이 비용으로 8,000명의 환자들이 치료받았고 선교사들을 위한 약품도 구입했습니다.

물론, 이 비용으로 그 많은 환자들을 치료하는 것은 불가능합니다. 그래서 우리는 건물을 유지할 돈을 빌려야만 했습니다. 우리는 여기에서 첫 해라는 것과 언어 공부에도 시간을 투자해야 한다는 사실을 잘 알고 있습니다. 하지만 우리는 이 곳에서 11월부터 특별한 상황에 처해있습니다. 일본이 우리에게 대응하기 위해 잘 준비된 병원을 세웠고 이후에 중국도 이에 대응하기 위해 병원 하나를 세웠습니다.

이런 상황에도 불구하고 우리는 한 달에 1,000명이 넘는 환자를 받았고 심지어 치료를 절반 정도 한 경우들도 있었습니다. 저는 우리 기독교인들과 수술이 잘 된 환자들이 우리 병원을 떠나는 경우를 보아 왔는데, 우리가 그들을 적절하게 돕지 못했기 때문입니다.

예를 하나 들자면 저는 오늘 오전에 한 쌍의 편도선을 금속 튜브와 제 만도린 A 현으로 제거했습니다. 아무개 의사에게 물어보십시오. 이러한 도구들로 일하고 싶은 사람이 있는지. [저는 그냥 남겨 두었겠지만 그 아이는 어제 밤에 그 큰 [도구들의] 크기로 거의 질식할 뻔 했습니다.]

저는 프랑스에 있어서 그곳에서 그들이 겪고 있는 끔찍한 사례들을 돕는 무언가 가치 있는 일을 하거나 중국에서 시설이 완비된 병원에 있는 편이 훨씬 더 낫다고 생각합니다. 저는 1년을 통째로 언어에 투자했고 어떤 의료 사역을 하도록 허락되어야 합니다. 저는 언어 때문에 수년 동안 의학적인 글을 읽는 것을 소홀했습니다. 견적이 도착했고 저는 여기 있는 진료소에서 어떤 장비, 약품, 운영비나 우리가 구입한 약품들에 지불할 돈이 없이 우리가 어떤 의료 사역을 할 수 있을지 의구심이 듭니다. 제가 이 큰 현장에서 이미 크고 유익한 의료 사역을 했다는 점을 굳이 설명할 필요는 없을 것입니다.

진심으로,

마틴

1917년 2월 12일

캐나다 장로교 병원
만주

한국 (일본)
회령 경유
간도

의사 스탠리 해빌랜드 마틴

맥케이 박사님께,

시간이 날 때 읽으시도록, 귀하나 해외선교부 위원들이 흥미를 가질 만한 기사 하나를 동봉했습니다. 귀하가 적절하다고 판단하신다면, 다음 메모를 주일학교 [관계자]에게 전달해 주십시오.

맥케이 박사님께,
우리 모두는 이 곳 2개의 선교 지부에서 2명의 여성 선교사가 어린 아이들을 조만간 돌보게 될 것을 기대하고 있습니다.

모든 분들에게 안부를 전합니다.
진심으로
마틴

1917년 4월 3일

캐나다 장로교 병원
만주

한국 (일본)
회령 경유
간도

의사 스탠리 해빌랜드 마틴

캐나다 장로교 선교부
토론토

선생님들께,

하나님께 진심으로 감사드립니다. 병원 건축과 특별히 장비를 위한 기금이 나올 것이라는 전보를 받았습니다.

저는 그래서 후하게 기부해 주신 분들의 이름과 주소를 가능한 빨리 알려주시기를 요청드립니다. 왜냐하면 제가 이러한 일에 관심을 가져 주신 그분들께 개인적으로 감사의 마음을 전하고 가끔 만주에 복음이 퍼지기 위해 병원을 통해 행해지는 일에 관하여 그분들께 조언을 드리기 위해서입니다.

진심으로,
스탠리 마틴

1917년 6월 28일

캐나다 장로교 병원
만주

한국 (일본)
회령 경유
간도

의사 스탠리 해빌랜드 마틴
국내선교부 비서

암스트롱 씨에게,

먼저 하나님의 사역에 도와주셔서, 특별히 다른 지부도 후원금이 많이 필요하다는 점을 생각할 때, 해외선교부에 진심으로 감사드린다고 표현하고 싶습니다. 귀하는 병원과 조만간 준비될 장비를 위한 8,000달러는 저의 아내나 제가 분주하게 될 뿐만 아니라 유용하다는 점을 아신다면 보상을 받게 될 것입니다. 그러면 우리는 우리 자신을 표현할 더 좋은 기회를 갖게 되며 우리의 훈련의 결과를 사용하게 될 것입니다.

귀하의 시간을 그렇게 내게 해서 죄송합니다. 하지만 저는 종종 귀하가 숫자들을 읽고 선교 사역을 위한 후원금을 높이는데 지쳤다고 생각했습니다. 인간이 된다는 것은 우리들의 편지에서 개인적인 어조를 원합니다.

주님께서는 교회도 그렇고 병원을 건축할 그 분의 때를 가지고 계십니다. 내년 봄에 그 어느 때보다 훨씬 저렴하게 건물을 지을 수 있을 것 같습니다. 그 이유는 중국 세관이 50 달러 건물을 짓고 있기 때문입니다.

우리 마을에서는 같은 계약자가 우리의 일을 동시에 수행하도록 할 수 있습니다. 저는 서울에 간 적이 있는데 거기에서 완전한 계획과 사양을 만들었는데 현재 서씨의 견적은 9,400엔입니다. 이것은 수술실을 충분히 넓힐 수 있도록 확장하는 것을 포함하고 있습니다. 그것은 지금 10x14 피트에 높이는 9피트인데, 외국인 간호사를 위한 방을 만들려고 합니다. 그 간호사는 아마도 현재 노스 브리티시 콜롬비아의 인디언스에 있는 제 누이가 될 것입니다(다른 사람이 될 가능성을 보지 마십시오). 그런 다음 2개의 병동이 추가될 것입니다. 남성 및 여성용이며 계획은 대략 다음과 같습니다.

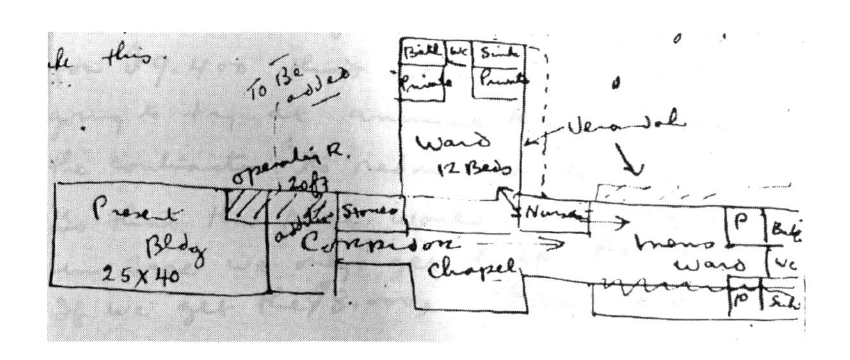

현재 건물은 전혀 장비를 갖춘 적이 없고 2년 동안 250 달러와 500 달러로 유지되었다는 점을 기억해 주십시오. 그리고 새로 추가되는 건물(난방과 배관으로 2,000 달러)이 8,000 달러 대부분을 사

용할 것입니다. 저는 장비가 확실하지 않는다면 건물을 계속해서 짓는 것이 두렵습니다. 하지만 저는 헬리팩스와 다른 출처에서 보내 준 적은 금액들이 우리들을 돕기 시작했고 전쟁 이후에 괜찮을 것이라고 생각합니다.

이제 우리는 이 건물을 9,400 달러의 절반 즉, 4,700 달러에 완공할 수 있을 것입니다. 그리고 우리는 계약자가 그것을 줄여 4,000 달러라고 말하도록 연례 회의에서 노력할 것입니다. 이 계획은 우리가 비용의 절반만 받게 될 경우에도 괜찮을 것입니다. 우리가 8,000 달러를 받는다면, 우리가 할 수 있는 것 즉 건축을 할 것입니다.

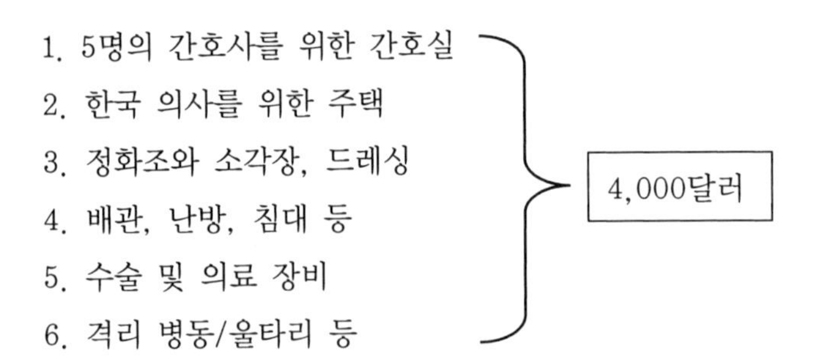

제가 계획을 보내드리겠습니다. 그리고 귀하가 원하신다면 그것을 우드로우 씨 부부에게 보여주고 결국에는 오릴리아 교회에 보내서 사진틀에 넣어 주일학교에 두면 사람들은 그 구성원들이 어떤 곳에서 일하고 있는지 알 수 있을 것입니다.

엄청난 홍수로 말 세 마리, 황소 두 마리, 많은 집들과 몇몇 사람들이 6시간이라는 짧은 시간에 말살된 후에 저는 지금 일본인

여관 바닥에 쪼그리고 앉아 있습니다. 비와 우박, 그리고 천둥이 있었습니다. 이 일은 순식간에 벌어졌습니다. 우리는 심지어 병원 보조금도 신속하게 받았습니다. “룻”이라는 한 아가씨가 우리의 “추수할 들판”에 도착했고 그녀는 우리 분야에서 유일한 “미혼 여성”이기 때문에 여기에서 훈련해야 합니다.

맥케이 박사님께 안부를 전합니다.

진심으로,

마틴

1917년 12월 8일

캐나다 장로교 병원
만주

한국 (일본)
회령 경유
간도

의사 스탠리 해빌랜드 마틴
맥케이 박사 또는 암스트롱 박사

선생님들께,

블라이 양이 어제 우리 지부에 잘 도착했고 기뻐한다는 사실을 알리려고 보낸 편지입니다. 우리 진료소의 성홍열 환자 중 일부가 호전되었고 추운 날씨가 멈춘 덕분에 저는 말을 타고 산 너머로 그 부인을 호위할 수 있었습니다. 우리는 지금 7명이고 저는 4채의 집을 차지하게 된 것을 기쁘게 생각합니다. 3채의 빈집을 보는 것은 불쌍한 광고입니다. 불신자들은 우리의 일이 줄어들고 있다고 생각할 수 있습니다. 바로 지금 푸트 씨와 스콧 씨는 이곳에서 영적인 세계의 상황이 이 보다 더 좋았던 적은 없다고 말합니다. 단체들이 여기저기서 생겨나고 있습니다. 오래된 단체는 성장하고 사람들은 늘어나고 있으며 우리에게 가장 중요한 것은 수백 가정들이 우리 지역으로 오고 있다는 사실입니다.

지난 3일 동안 저는 여행을 했습니다. 저는 길에서 수십 개의 마차를 만났는데 그들은 모두 "간도로 가고 있습니다."라고 대답했습니다. 인구가 크게 유입된 것은 저렴한 좋은 땅과 콩 가격의 상승 등으로 인한 것입니다. 그로 인해 여기에서는 농부들이 100% 부자가 되고 한국의 생활비와 세금을 증가시킵니다. 이 인구 증가는 제 병원을 더욱 필요하게 만듭니다. 저는 저의 작은 진료소에서 행복합니다. 하지만 오! 수술 후 환자를 둘 장소[가 필요합니다.] 병원 계획은 한국의 많은 저명한 박사님들과 상의를 했고 한국에 있는 모든 병원들의 계획을 모두 본 후에 마침내 채택되었습니다.

전에 말씀드렸듯이, 다른 병원들은 제외하더라도 서울에 대형 YMCA 건물과 세브란스 병원들을 지었던 한국 내 최고의 시공자 서 씨는 관석(중국)을 위해 여기에서 40,000 달러(금화) 건물을 짓고 있습니다. 그가 계속해서 여기에 머물러 있을 것이기 때문에 우리는 그와 계약하는 것이 최선이라고 생각했습니다. 그래서 8월에 서울에서 그를 만났고 YMCA 서울의 루카스 씨(계획을 세우고 사양을 작성함)와 그리슨 박사와 함께 9,400 [ ] 견적을 받았습니다. 다시 12월 1일 스콧 씨, 푸트 씨와 저는 이곳에서 그를 다시 만났습니다. 여기 물건 값이 이제 100% 올랐지만 그는 그의 견적은 9,800 [ ]으로 올렸습니다. 8,000 달러 중에서 5,000 달러가 나올 것이라는 귀하의 말을 듣고, 우리는 계약을 거의 완료했습니다. 그래서 만약 1월 1일에 1,000 [ ]을 받고 건축을 위한 첫 번째 지출 금액으로 … 한다면 계약은 마무리되고 건물은 가능하다면 1918년 11월 15일에 완공될 것입니다. 그렇지 않을 경우 그는 하루에 10 [ ]의 벌금을 지불해야 합니다. 전체 병원이 1919년 7월까지 완공되어야 하며 그렇지 않으면 하루 10 [ ]의 벌금이 부과될 것입니다. 이 사람을 그 자리에 두는 중요한 이유는 제가 언어와 의료에 자유롭다는 점입니다. 세관을 짓는 같은 시간에 우리가 짓는 것은 하나님의 섭리입니다. 하지만 이것은 우리를 도우시는 하나님의 위대한 계획의 일부일 뿐이며 그분은 우리의 필요를 우리보다 더 잘 아십니다. 우리는 모두 건강하고 바쁘게 지내고 있습니다.

동료들에게 안부를 전합니다.

진심으로,

스탠리 마틴

1917년 12월 22일

캐나다 장로교 병원
만주

한국 (일본)
회령 경유
간도

의사 스탠리 해빌랜드 마틴

암스트롱 박사님께,

귀하가 11월 7일에 보낸 좋은 편지가 여기에 막 도착했습니다. 그 편지는 확실히 성대한 크리스마스 편지입니다. 우리 병원이 보장된다는 것을 아는 것은 제 인생에서 가장 큰 일입니다. 커 씨가 만약 여기에 그 분이 잠시 머무셨다면 그 분이 받을 것은 단순히 악수만이 아닐 것입니다. 가장 높은 형태의 전염병 가운데서도 우리 모두는 무사합니다. 많은 환자들이 성홍열로 사망했습니다. 우리는 귀하가 우리에게 보낸 잘 만든 크리스마스 편지에 대해 귀하 한 분과 그리고 모두에게 감사드립니다. 급히 정리한 보고서를 동봉합니다.

진심으로,
"사역중"
마틴

1918년

1918년 3월 27일

캐나다 장로교 병원
만주

한국 (일본)
회령 경유
간도

의사 스탠리 해빌랜드 마틴

토론토 해외선교부
암스트롱 목사

귀하에게,

아카데미 등 3,000 달러를 지부에 제안한다고 우리에게 보낸 귀하의 편지를 기쁘게 받았습니다. 저는 특별히 바커 씨가 기뻐할 것으로 확신합니다. 우리는 다음달에 건축을 시작해서 새 시설에 11월 15일까지 들어갈 수 있기를 기대하고 있습니다. 그동안 저는 현 진료소에서 사용할 장비와 건축을 마치면 새 건물에서 사용할 장비 모두를 모으기 위해 노력하고 있습니다. 운임이 비싸기 때문에 저는 침대, 부속품 등을 일본에서 사는 것이 현명하다고 생각합니다. 거기에는 신뢰할 만한 몇몇 집들이 있습니다. 저는 도쿄에 있는 병원 공급 회사와 거래하고 있는데 그 회사는 미국과 일본에서 만든 제품을 보유하고 있습니다.

그러면 재무담당자에게 프레이저 씨에게 저의 장비를 위해 주어진 돈을 전달하라고 조언해 주시겠습니까? 그러면 제가 그것으로 싱크대나 화장실 등을 가질 수 있습니다. 건물이 완공되면 제자리가 잡히기 때문에 올해는 수술을 위해 더 높게 변경하고 있습니다.(하루 22 위안으로 4건의 수술입니다.) 그리고 침대 등을 사는데 도움이 되도록 운영비를 줄이려고 노력하고 있습니다.

우리는 외국인 간호원이 절실히 필요합니다. 저는 브리티시 콜롬비아주 해즐턴에 있는 제 누이와 인디언 중에서 2년 동안 일한 사람이 오길 기대하고 있습니다. 그녀는 아직까지 꽤 관심을 가지고 있습니다. 그녀는 1년 내에 졸업할 것입니다.

어제 완전히 시력을 잃었던 소년이 시력을 얻었고 다리에 복합 골절상을 입은 50세 중국인에게는 석고 부목을 했고 우리의 가장 유망한 설교자들 중 한 명의 아내는 두 개의 복부 종양을 성공적으로 수술했습니다.

안부를 전합니다. 진심으로,

마틴

[1918년 7월 모임]

[원문 일부 소실]

다음은 원산 해변에서 무어 박사와 참여했던 회의에서 푸트 씨가 작성한 중요한 메모의 복사본입니다.

무어 박사는 다음과 같이 말했습니다. "북한의 감리교 총회는 3/4 쿼터는 한국인이고 1/4 쿼터는 선교사라고 말했습니다. 1917년에 총회에 참석한 한국인들은 웰치 감독에게 간도에 한 사람을 임명해 달라고 요청했습니다. 외국 돈은 이 운동에 없으며 외국인 선교사가 임명되지 않는 한 없을 것입니다. 그는 이 사람을 북간도에서 감리교 사역을 하라고 임명했습니다. 선교는 이 운동을 멈추게 할 수 있지만 원치 않습니다. 우리는 캐나다 장로교 선교부와 갈등하는 것을 원하지 않습니다. 임명된 이 사람은 돌아가서 한국에 있는 그의 총회에 보고하기 전까지는 들어가서 어떤 교회라도 설립하거나 조직하지 않을 것입니다. 만주로 들어가는 문제는 아일랜드 장로교 선교부, 캐나다 장로교 선교부, 또는 어떤 선교부가 해결할 수 있는 열린 문제가 아닙니다. 만약 우리가 만주에 들어간다면 우리는 건설적인 사역을 원하며 캐나다 장로교 선교부가 사역하고 있는 용정 주변에서 일해서는 안 된다는 것이 저의 확신입니다."

같은 선교부의 노블 박사는 만약 감리교인이 장로교인이 있는 곳에 들어가 감리교회를 세워야한다면 그는 개탄할 것이며 선교사들과 감독이 있는 우리 총회의 누구도 그것을 잠시라도 승인하지 않을 것이라고 말했습니다.

그러자 무어 박사가 말했습니다. 제가 북장로교인들을 만났을 때 다음과 같은 소식이 전해졌습니다. 제가 비숍 감독이 뉴욕에 있는 지속 위원회에 조언했다고 말했다는 것입니다. 이제는 다음과 같이 말하고 싶습니다. 웰치 감독은 뉴욕에 있는 지속 위원회에 조언하지 않았고 다만 지속 위원회 사무실에 있는 특정 문서들을 살펴보라고 한 여성을 보냈습니다. 뉴욕의 해외선교위원회는 북간도에 지부를 설립하기로 결정하지 않았습니다. 남감리교인들은 간도로 들어가는 선교와 아무런 관련이 없습니다. 북감리교는 남감리교와 독립되어 있습니다.

그리어슨 박사는 그가 간도에 온 최초의 선교사라고 말했습니다. 하디 박사와 펜윅 씨가 이후에 들어왔습니다. 박사는 독립된 선교사였던 펜윅 씨와는 어떤 합의도 할 수 없었습니다. 그리고 남장로교 선교부의 하디 박사와 그 상황에 대하여 이야기 한 후에 감리교인이나 장로교인이 간도를 상대에게 남겨두고 떠나야 한다는 것이 그의 확신이라고 말했습니다. 하디 박사는 남감리교 선교부가 더 강하다고 지적하고 그래서 그 현장에서 일할 권리를 요구했습니다. 그리어슨 박사는 그가 간도에서 사역을 처음으로 연 사람이라는 것과 그의 교회는 간도에서 많은 수의 기독교 회중을 가지고 있다는 점을 지적했습니다. 그리고 지리적인 위치를 고려할 때 캐나다 선교부가 확실히 강력한 주장을 가진다는 것입니다. 어떤 합의에도 도달할 수 없었기 때문에 그리어슨 박사는 철수하기로 결심하고 집으로 출발했습니다. 30 리쯤 가던 길에 하디 박사의 전령이 따라 와서 추가 회의를 위해 돌아오라고 요청했습니다. 하디 박사는 이 문제를 더 깊이 생각했고 간도를 점유하려는 캐나다 선교부의 강력한 요구를 알게 되었고 그의 선교보다 전체 상황을 앞에 두기로 결정했다고 말했습니다! 얼마 후에 그리어슨 박사는 하디 박사가 자신의 선교부와 상의한 결과 현장을 캐나다 장로교 선교부에 남겨두고 철수하기로 결정했다는 편지를 하디 박사로부터 받았습니다. 그래서 하디 박사는 지금까지 남감리교 소속이었던 건물들과 땅들을 포함해서 서적 행상인 등 그의 관리 하에 있는 모든 단체들을 우리 선교부에 넘겼습니다. 자신의 선교와 이러한 양도에 대하여 쓴 하디 박사가 쓴 이 편지에 의해서 남감리교 선교부는 간도에서 철수하며 이 협약으로 캐나다 장로교 선교부가 북간도를 점유하여 사역하는 선교부가 되었습니다.

귀하[1]께서 아셔야 하는 바는 무어 박사는 자신의 선교가 용정이나 그 주변에서 일할 의도가 없다고 말하지만 우리는 그가 여기에서 교회를 조직하려고 시도하고 있다는 사실을 알고 있습니다. 그리고 그는 자신의 선교는 의료 사역을 제외하고 우리 선교부가 실행하지 않은 모든 형태의 선교 사역에 관여하고 싶다고 말합니다. 50개 병상을 갖춘 우리의 새 병원은 의료 사역이 확실하게 주의를 끌고 있음을 보여주고 있습니다. 그들[2]이 용정에서 20 마일

---

1 캐나다 연합교회 해외선교부 담당자로 보인다.

2 여기에서 감리교 선교부를 '그들'이라고 부르는 것으로 보아 이 편지의 수신자는 캐나다 장로교 해외선교부로 보인다(역자주).

떨어진 곳에 교육 목적의 토지를 구입했다는 소식이 들리지만 우리는 이를 확신하지 못합니다. 지난 9월 회령에서 개최된 한국 장로교 노회에서 두 명의 전직 감리교인 중 한 명은 우리 교회 중 한 곳의 장소로 이동했는데 그들은 현장이 지금 효과적으로 작동하고 있기 때문에 감리교회가 북간도에서 사역을 맡는 것에 반대한다는 결의에 찬성했습니다.

한국에서 활동하고 있는 다른 장로교회의 태도를 설명하기 위해 북장로교 선교부의 휘트모어 씨의 편지를 인용합니다:

선천, 1918년 7월 19일

푸트 씨에게,

감리교 선교부가 만주 지역의 우리 지역을 침범할 가능성이 있다는 사실을 알고 우리 선교부가 대응 서기인 나에게 이 문제를 다루도록 지시했다는 소식을 들었는지 아닌지는 모르겠습니다. 그 지시에 따라 저는 방금 웰시 주교와 무어 씨에게 우리의 정보가 불확실하지만 그들이 우리 지역에 들어가기 전에 회의를 요청하고 현재 우리 지역이 철도를 따라 귀하 지역의 북쪽으로 어떻게 올라갔는지 알려 달라고 편지를 보냈습니다. 맥퀸은 어제 한국인을 통해 감리교가 이미 용정 북쪽 어딘가에 있는 학교를 점령했다는 소식을 들었는데, 이 사실을 다시 알려주는 것이 좋겠습니다. 두 지역이 불필요한 중복 노력을 기울이고 있는 것으로 보이는 사안에 대해 서로에게 도움이 될 수 있도록 저희가 어떤 조치를 취했는지 알려드리기 위해 이 글을 씁니다. 저는 연방위원회 집행위원회에서 우리 선교부의 대표로 선출되었으니, 무슨 일이 생기면 알려주십시오. 기꺼이 게시하겠습니다.

서명 노먼 휘트모어

이 편지에서 보시다시피, 이 문제는 독일 전쟁이 그랬던 것처럼 원칙을 수반하는 매우 중요한 문제이며, 만약 북감리교가 동포애와 합의를 인정하지 않으려 한다면, 우리는 당신이 우리의 이익을 돌보고 본국의 감리교 이사회에 이 문제를 제기해야 하며, 그들은 기꺼이 조언을 해줄 것입니다. 웰치 주교는 다른 나라의 발전을 저해하는 중복되는 일을 반복하지 않고 복음화를 이룰 수 있는 분야에 에너지를 쏟아야 한다고 강조했습니다.

존경하며,
스탠리 마틴

추신. 우리는 또한 우리 선교부가 웰치 감독에게 보낸 두 번째 편지의 사본을 동봉합니다.

원산 해변, 1918년 7월 9일

관대하고 친애하신 귀하에게,

영 목사님에게 보낸 귀하의 7월 2일자 편지는 지금 원산에서 회기 중인 캐나다 장로회 선교부 협의회에 전달되었습니다. 우리는 소통의 정신에 감사드리며 귀 교회로 하여금 북간도 지역에서 선교 활동을 촉구하는 기독교적 동기를 이해합니다. 동시에 우리 선교부는 어떤 행동이 취해지기 전에 이 문제가 우리와 충분히 논의되지 않은 점에 대해 유감을 표명하지 않을 수 없습니다. 우리는 영토 분할 문제가 한국에서 장로교와 감리교 사이에 정착되었다고 생각했습니다. 간도에 관한 한 남감리교 하디 박사님이 최종 분할에서 그의 사역을 우리에게 양도했던 시기부터 우리 생각에는 의문의 여지가 없이 한국의 선교 단체들은 간도가 복음화를 위한 영토의 필수 부분으로서 우리 캐나다 선교부에서 책임을 진다고 생각했다는 점입니다. 이러한 명확한 이해를 가지고 우리 캐나다 장로교회 동서 위원회는 간도에 적절하게 인력을 배치하기 위한 노력에 함께했으며 적지 않은 비용으로 용정에 지부를 설립했으며 이 곳을 중심으로 전체 현장이 효과적으로 움직입니다. 과거의 결정에 비추어 볼 때 우리는 귀하께서 아마도 한국 형제들로부터 정보를 잘못 들었다고 생각합니다. 귀하가 생각하고 있는 그런 움직임은 한국에서의 선교 예양의 원칙을 깰 뿐만 아니라 다양한 선교 단체들이 피하기 위해 10년 동안 조심했던 상황을 만듭니다. 만약 필요하다면 이 문제는 한국의 연합공의회 앞에서 논의될 수 있습니다만 그 동안은 이러한 문제를 피하기 위해 우리 선교 협의회는 귀하의 제안을 받아들여 무어 박사에게 전보를 보내 협의회에서 우리를 만나도록 결정했습니다. 우리는 이 문제를 아주 중요하게 생각하기 때문에 그 문제를 논의하는 동안 귀하께서 편하게 참석하신다면 우리 캐나다 선교부는 그 자체로 큰 영광으로 생각할 것입니다.

캐나다 선교부를 대표하여,
서명 선교부 비서

1918년 11월 23일

캐나다 장로교 병원
만주

한국 (일본)
회령 경유
간도

의사 스탠리 해빌랜드 마틴
해외선교부 위원들 귀중

맥케이 박사님께,

오릴리아에서 보낸 특별한 선물에 관한 10월 10일자 귀하의 편지를 받아 보게 되었습니다. 그리고 저는 132 달러를 기부한 6명에게 이미 편지를 썼습니다. 우리 병원은 지금 매우 잘 운영되고 있습니다. 모든 남성 병동은 완공되었고 새로운 수술실은 매일 사용되고 있습니다. 환자들이 증가하여 더 많은 도우미들이 필요했습니다. 그리고 우리는 현지 의사 없이 지내고 있는데, 그에게 한 달 60 위안과 집세가 들어갈 것입니다. 우리는 바쁜데 그래서 행복합니다. 높은 연료비로 인해 우리는 금년에는 작은 병동을 사용하고 있고 하루에 한 번만 불을 피우면 되는 아주 좋은 러시아산 난로를 사용하고 있습니다.

스페인 독감이 우리 계곡을 휩쓸고 지나갔지만 이상하게도 우리 기독교인들 중에서는 사망자가 거의 없었습니다. 반면에 아주 많은 불신자들이 저 세상으로 갔고 그들 중 다수는 그들이 떠나기 전에 한 마디도 남기지 못했습니다.

그들은 사망 명부가 있는 병원이 운영되고 있는 병원이라고 말합니다. 우리는 "이름이 죽음인 사진"과 힘들게 싸워왔습니다. 이 번주에 3명이 잘려 나가는 순간에 구원을 받았습니다. 세 명의 중국인 형제들이 아편 절도와 재배 혐의로 경찰의 총에 맞아 병원에 입원했습니다. 폐에 총상을 입은 한 명은 사망했습니다. 복부에 총상을 입은 두 번째 사람은 꿰매는 수술을 받은 후에 사망했습니다. 폐에 총상을 입은 세 번째 사람은 살아있고 괜찮을 것입니다. 그는 확실히 지금까지는 기독교에 대하여 좋은 마음을 가지고 있습니다. 그의 아버지는 두 아들이 총격으로 사망했다는 소식을 듣고 상심하여 사망했습니다.

다른 남성인 70세 시각장애 노인은 수술 후에 두꺼운 안경을 쓰고 보고 읽을 수도 있고 집안일을 할 수도 있습니다. 수술 후 그가 한 첫 마디는 "저 젊은이가 제 아들입니다!"였습니다. 바로 거기에 있는 나의 조수는 그 [노인]이 자신의 아들을 다시 보고 기뻐할 때 최근까지도 눈이 멀었던 하나님의 아들에게 자신의 눈을 향했습니다.

장소와 시간이 이렇게 흥미로운 더 많은 사례들에 대해 말하는 것을 막고 있습니다.

진심으로,

스탠리 마틴

1918년 12월 5일

캐나다 장로교의 한국선교
만주 용정

웰시 비숍, 무어 박사, 넬 박사에게 보낸 복사본

귀하에게,

고국에 있는 선교부가 뉴욕에 있는 감리교 선교부와 이 문제를 협의하고 있는 동안, 귀 교회가 우리 현장으로 들어옴으로써 가장 영향을 받은 이 지부의 회원인 우리는 여러분이 고려할 수 있도록 전반적인 사실들을 지적하고자 합니다.

주의 깊게 살펴보면 우리는 무어 박사님이 원산에서 다음과 같이 말씀하신 것을 알게 됩니다.

1. 그 분의 선교는 어떤 경우든 캐나다 장로교 선교와 갈등을 바라지 않았습니다.
2. 그 분이 보낸 사람은 한국에 있는 위원회에 보고하기 전까지는 어떤 교회도 세우지 않는다는 것입니다.
3. 우리의 사역이 이미 자리를 잡은 용정이나 그 주변에서는 귀 교회가 어떤 사역을 시도하지 않는 것입니다.

노블 박사님도 이 때 "장로교 회중들이 있는 곳에 감리교 교회를 세워야 한다면 저는 중단을 선포해만 합니다. 그리고 감리교 선교사 대회의 어떤 회원이나 주교는 그것을 승인하지 않을 것이라고 저는 확신합니다."라고 말씀했습니다.

주교는 우리에게 보낸 7월 2일자 편지에서 귀하가 [판독 불가] 사람은 "귀하가 세운 사역을 방해하기 위한 어떤 경쟁심으로 간 것이 아니고 그것을 보완하기 위해서입니다."라고 말합니다. 또한 "그는 재산을 취득하거나 모임이나 교회를 조직하지 않을 것입니다."

우리는 위에 있는 것에 비추어 귀하에게 다음과 같은 사실을 전하고자 합니다. 우리는 귀하가 인지하지 못하고 있다고 생각합니다.

1. 귀하의 대표인 배 목사[3]는 멀리 흩어져 있는 교회들을 제외한 모든 우리의 교회들에 적극적으로 홍보하고 있습니다. 이런 예로 그는 정동에 … 하지 않았는데 이 곳은 수년 전에 우리 교회가 학교 하나를 세운 곳으로 그 학교는 성서를 정기적으로 가르치는 아카데미로 발전했습니다. 일곱 명의 선생님 중에 여섯 명이 장로교인입니다. 배 목사는 이 학교를 방문했는데 고등부와 아카데미에서 여덟 학생들을 인수받아 그들에게 귀하의 선교를 위해 경제적인 지원을 하겠다고 알

3 배 목사는 감리교 목사이면서 만주지역 독립운동에 관여한 배형식으로 보인다.

려져 있습니다. 그는 학교에 10,000 엔을 주었고 다른 방법으로는 사람들에게 영향을 주려고 노력하고 있습니다. 사람들은 그를 전혀 반기지 않았고 그와는 아무 상관을 하지 않으려고 했습니다. 직원 중 유일한 감리교인은 [ ] 한 명에게 배 목사의 방문과 홍보에 공감하지 않는다는 것을 이해해 주었으면 좋겠다는 상황을 말했습니다. [ ] 마을에서 명목상 기독교인 청년 한 명이 타종교 소녀와 약혼했는데 교회의 목사는 정당한 이유로 결혼 예식을 거절했습니다. 하지만 배 목사는 이 작은 회중에게 가서 이 커플을 결혼시켰습니다. 이는 교회 규율을 심각하게 방해하고 조화를 이루지 못하게 만듭니다.

1918년 12월 5일

캐나다 장로교 병원
만주

한국 (일본)
회령 경유
간도

의사 스탠리 해빌랜드 마틴

맥케이 박사님께,

감리교를 우리 지역으로 들여보내는데 열심인 사람들에게 보낸 이 편지를 주목해 주십시오.

웰치 주교는 한 회의에서 "그가 감리교를 이 땅 끝까지 밀어붙일 것이라고" 말했습니다.

이 사업을 놓고 우리가 생각할 때 한국 전체에 있는 우리 교회를 위해 가장 좋은 기회라고 생각하는 일을 방해하려고 늑대가 돌아다니는 것을 누군가 보았을 때 우리는 화를 낼 권리가 있다는 사실에 우리 모두는 좋습니다. 우리는 귀하가 가장 적합하다고 생각하는 대로 우리의 이익을 돌보도록 간절히 기도합니다.

진심으로,

사역 중,

스탠리 마틴

1918년 12월 5일

캐나다 장로교 병원
만주

한국 (일본)
회령 경유
간도

의사 스탠리 해빌랜드 마틴
스튜어트 박사
핼리팩스

박사님께,

귀하의 우리 병원의 장비를 위해 기부해 주신 친구분들과 선량한 다른 분들에게 선물에 진심으로 감사드린다고 전해주시기 바랍니다.

귀하는 동봉된 50개 병상을 갖춘 병원의 스냅 사진을 보실 수 있습니다. 우리는 봄에 우리의 모든 큰 병동을 열면 하루에 100명의 환자를 볼 수 있을 것으로 기대합니다. 지금 이 곳은 겨울이 와서 우리는 하루에 대략 40~50명의 환자가 있습니다. 여기에서 저의 주요 목표는 최신 수술을 통해 기독교인들을 얻는 것입니다. 특별히 결핵성 골수염에 대한 이상적인 기술을 얻기 위해 노력하고 있습니다. 저는 여기에서 알비이 스핀 부목을 개선할 수 있는 몇몇 사례들이 있습니다. 우리는 여기에서 현재 그 원인을 알 수 없는 약간의 자발적인 괴저를 가지고 있습니다. 저는 괜찮은 마이크로톰을 살 수 있는 충분한 돈을 모았을 때 가능한 연구를 위해 많은 절단 시료를 보관하고 있습니다.

[절단의] 원인은 동맥염을 일으키는 특정 한약 때문일 수 있습니다. 그들은 구리 가루를 섭취하는 것으로 알려져 있습니다. 제가 저번에 농양을 열었을 때 다량의 수은이 나왔습니다.

우리는 괜찮은 수술을 목표로 하고 있습니다. 그것은 그들의 의료 분야에서 독일인들에게 받아야 하는 모든 쿨틴과 함께 일본인들이 할 수 없는 한 가지입니다.

오늘 칠 세 아이가 괴저로 인해 [손이] 절단되었습니다. 그의 아버지는 아들이 손을 잃는 것보다 차라리 죽는 것이 낫다고 말했습니다. "왼 손이 없는 아이가 무슨 소용이 있나요" 등. 우리는 또한 한 쪽에 이중 백내장 수술을 했습니다. 그 사람은 10 플러스 디옵터 안경을 쓰고 보고는, 실명한 지 2년 만에 처음으로 "이 아이가 제 아들입니다."라고 [말했습니다]. 내일 우리는 썩은 팔을 절단합니다. [　]가 아니라 악취로 인해 병들지 않도록 마스크가 필요합니다!

늘 감사드리며,

사역중,

스탠리 마틴

추신. 저는 귀하가 의사라고 생각했습니다. 의학 용어를 양해해 주시기 바랍니다. 너무 바쁘지 않으실 때 연락주시면 기쁘겠습니다.

1919년

1919년 5월 24일

세인트앤드류스 병원[1]
(캐나다 장로교 선교)
중국 (용정)

우편 주소
조선(일본)
회령 경유
간도

의사 스탠리 해빌랜드 마틴
매키넌 (정간호사)
간호 감독관

해외선교부 위원들
암스트롱 씨

선생님들께,
저는 혼란스러운 한국의 상황을 알리기 위해 봉인한 편지를 보

1 제창병원의 영어명이다.

냅니다. 오늘 15개의 마을이 불에 탔고 도망가는 한국인들이 총에 맞았다는 확실한 뉴스가 있습니다. 단지 7명만이 생존했다고 전해집니다. 대략 30개의 기독교 교회가 이미 불에 탔고 많은 경우 교인들이 건물 안에서 불에 탔습니다. 한국인 의사와 우리 병원 비서는 생명을 위해 도망가야만 했고 약제사와 두 명의 외과 도우미들은 구타로 묵사발이 되지 않기 위해 병원에서 살고 있습니다. 저에게 구타를 당해서 팔다리가 소켓에서 거의 빠져나온 사람들 사진들이 있습니다. 그리고 우리 지하 세탁실에 있는 19구의 시신 사진들이 있는데 이들은 일본 경찰이 중국인들에게 시켜 총격으로 희생당한 한국인들입니다. 기독교 소녀 중 한 명은 기독교 남자 학교 교사의 아내인데 그녀는 붙잡혀 갔고 발견 당시 옷이 모두 벗겨진 채로 구타당한 상태였습니다. 이 지역 모든 기독교 학교 교사들은 죽었거나 감옥에 갇혔거나 러시아로 도망갔습니다. 이 곳의 여학교 교사는 이 운동과 아무런 관련이 없습니다. 그는 감옥에 한 달 반 동안 갇혀 있는데 부당하게 다루어져 죽어가고 있습니다. 암스트롱 씨는 명동과 그 곳에 있는 기독교 학교를 아실 것입니다. 비록 여기는 중국 영토지만 이 곳을 지난 밤에 일본 경찰이 포위했습니다. 어떤 재물이라도 파괴된다면 묵덴에 있는 H.B.M. 영사에게 보고할 예정입니다. 우리는 이미 여기에서 총격이 있을 때 이미 연락을 취했습니다.

죽지 않은 모든 총상 환자들이 진정한 신자가 되었다는 것을 알게 되신다면 기뻐하실 것입니다. 살해당한 모든 사람들(19명)은 푸트 씨와 스콧 씨에 의해 기독교 예식으로 안장되었습니다.

그 수 명의 사람들이 복음을 감명 깊게 들었습니다. 한국에 있는 대략 400명의 미국과 영국의 선교사들의 사역은 거의 허무하게 교회, 학교 그리고 몇몇 병원으로 축소되었고 일본인들에 의해 문을 닫게 되었으며 순회 전도는 금지되었습니다. 본국의 선교부는 우리 정부가 이러한 야만적인 규제를 제거하도록 무언가를 해야만 합니다.

진심으로,
스탠리 마틴

추신. 모트 박사와 스피어 박사와 같이 이 곳에 와서 도쿄와 요코하마에 있는 공식적인 기독교인들과 손을 잡은 분들은 실제 상황을 아는 선교사들을 믿지 않는 것이 소용없습니다. 이 잔인하고 이중적인 경찰과 군인들, 그리고 다른 관리들은 프랑스에서 했던 어떤 흉얼거림보다 잘 못하고 있습니다. 우리는 여성들이 폭력을 당했다고 생각하고 있으며 우리는 미국 목사들 한 명으로부터 기독교 학교 여학생들이 쫓겨나 일본 경찰 앞에 있는 감옥으로 걸어가기 위해 이동했다고 들었습니다. 난로 위에 있는 끓는 물 그릇에 잠겨 있는 빗자루에서 끓는 물이 그들에게 던져졌고 다른 것들은 말할 수 조차도 없습니다.

1919년 8월 1일

캐나다 장로교
한국 선교부
조선(한국), 원산

선교 재무부

원산 해변

암스트롱 씨에게,

우리는 귀하의 편지를 잘 받았습니다. 그리고 귀하가 병원 계획과 난방 설비에 대한 주문을 받았다는 것을 알고 기쁨 그 이상이었습니다.

우리 사역지에 지부가 없습니다. 귀하도 아시듯이 복부 수술을 위해 수술실 난방이 필요하고 당시 숯불 난로가 켜져 있는 수술실을 청결하게 유지하는 것은 불가능하기 때문에 저는 난방이 절실히 필요하다고 생각합니다.

힐튼 씨는 평양에 있는 난방 시설 중 하나를 설치했고 그가 우리 지부에서 세관 일을 하고 있을 때 우리를 기꺼이 도와줄 것입니다. 그는 그런 종류의 일에 간절합니다.

나는 귀하가 말한 힐 씨가 우리의 동부 기후에 견딜 수 있을지 의문입니다. 앤더슨 박사가 "휴가 보내기"라는 제목으로 한국 신교 현장에서 쓴 기사를 읽어보기 바랍니다.

우리의 큰 문제 중 하나는 직원 부족입니다. 우리가 기술한 보고서에 보고된 바와 같이 6개월 동안 7,000 사례가 넘을 정도로 우리 사역이 크게 증가했고 환자들을 아침에만 보고 있다는 점에 주목해 주십시오.

저는 일로 여전히 피로하고 다른 간호사나 외국인 의사를 구할 때까지 상당히 좋은 상태를 유지하기 위해 우리는 환자들을 줄여야 합니다. 귀하가 앞으로 보시겠지만 저는 지금 타자 치는 것을 배우고 있습니다.

전진운동과(우리는 패튼 씨와 즐거운 시간을 보냈습니다.) 귀하 그리고 맥케이 박사님께 모든 소망이 가득하길 바랍니다.

진심으로,

스탠리 마틴

1919년 9월 2일

세인트앤드류스 병원
(캐나다 장로교 선교)
중국 (용정)

우편 주소
조선(일본)
회령 경유
간도

의사 스탠리 해빌랜드 마틴
매키넌 (정간호사)
간호 감독관

암스트롱 씨에게,

저는 귀하가 우리의 새 병원을 보기를 원합니다. 새 병동들은 훌륭하고 보다 중요한 점은 그 안에 환자가 있는 상태로 일이 진행된다는 것입니다.

저는 몽고메리 워드 측으로부터 난방 시설에 대한 편지 한 통을 받았습니다. 저는 그들이 가능한 빨리 빼내기를 바랍니다.

저는 오늘 몇 가지 문제점들에 대하여 편지를 쓰고 있습니다. 난방 시설이 아직 완료되지 않았습니다. 저는 그들에게 연탄용 보일러를 설치하라고 조언하고 있습니다. 이 세계에서는 무연탄을 얻기가 불가능하기 때문입니다. 이 경우 연통은 더 커야 합니다. 저는 우리 병동 중 한 곳의 내부 사진 하나를 동봉합니다. 귀하는 그것으로 우리 병원이 최신이라는 것을 아시게 될 것입니다.

저는 다른 것은 있는데 인쇄 용지가 없어서 도착하길 기다리고 있습니다. 저는 보급품들이 도착하면 좋은 병원 사진 몇 장을 보내 드릴 수 있기를 바랍니다.

저는 여기에 저의 아주 좋은 랜턴을 가지고 있기 때문에 우리 교회의 많은 청년들에게 일반 산업 일에서 사용되는 기계와 엔진의 기본 원리에 대한 아이디어를 주기 위해 물리학, 화학, 전기와 같은 과목들을 강의하고 싶습니다.

이 주제에 대한 몇 가지 슬라이드, 그리고 특별히 위생과 그리스도의 삶 그리고 다른 성경 주제들을 가지고 있다면 공동체에 아주 큰 도움이 될 것입니다.

지금 여기는 매우 조용합니다. 하지만 언제 다시 시작할 지 아무도 모릅니다. 저는 의사와 간호사를 속히 얻기를 바라고 있습니다.

우리는 건강하지만 과로하지 않기 위해 [판독 불가] 쉬엄쉬엄 가야합니다. 저는 타자기를 주로 이곳의 사역에 대한 관심을 불러일으키기 위해 사용하고 있습니다. 저는 단지 양해와 실수를 배우고 있습니다.

여러분 모두에게 안부를 전하며,
진심으로,
(서명) 스탠리 마틴

귀하의 의사 친구들 중에 오래된 의학 서적들을 가지고 있다면 그 책들은 우리를 최신으로 유지하도록 도움을 줄 것입니다.

중국 용정에 있는 캐나다 장로교 선교 병원에서 필요한 용품 및 장비

뼈 작업용 휴대용 또는 소형 엑스레이 복장. 가능한 전원 연결 상태로. 전체 의상이 아니면 10인치에서 12인치 고주파 코일 만이라도. 엑스레이 튜브.

병원 들 것 2개

휠 들 것 1개

절단 세트

병리학적 절편 절단용 소형 마이크로톰

흡입 세트

흰색 병원 침대 10개

가압증기 멸균기

스탠리 마틴 박사

1919년 10월 1일

캐나다 장로교 병원
만주

우편 주소
한국 (일본)
회령 경유 간도

중국 만주
의사 스탠리 해빌랜드 마틴

암스트롱 씨에게,

난방 시설에 관한 귀하의 8월 21일자 편지를 받고 또 이 곳으로 떠났다는 사실을 알게 되어 너무 기쁩니다. 저는 귀하가 세이신 항구로 보내셔서 기쁩니다. 그렇지 않았으면 그것을 받을 수 없기 때문입니다. 힐튼 씨는 지금 여기 있습니다. 그는 난방 시설 전문가인데 방금 대형 세관 건물에서 설치를 마쳤습니다. 저는 그가 떠나기 전에 우리 건물에 설치할 수 있도록 하면 좋겠습니다. 그는 내년 전에 떠날 것입니다. 그는 아주 좋은 사람입니다. 저는 선교부가 그를 다시 고용하는 것이 좋다고 생각합니다. 왜냐하면 우리는 의심의 여지없이 집의 난방 시설, 여기 아카데미 짓기, 함흥 아카데미 확장하기, 원산에 새 병원 짓기 등 늘 수리와 건축이 있습니다. 이것은 오로지 제 생각입니다만 저는 힐튼 씨가 선교부 일을 하고 싶어한다고 믿습니다. 만약 [판독 불가] 한다면, 3년 후면 결국 우리가 한국 의사를 얻게 된다는 사실을 아신다면 기쁘실 것입니다. 하지만 우리는 매달 100 달러를 그를 위해 지불해야 합니다. 그리고 의료계에서는 모든 것이 올랐습니다. 그래서 우리가 우리의 추정치를 유지하는 것이 [어렵습니다]. 우리는 또한 세브란스 출신 한국인 정규 간호사가 있습니다. 그녀는 [Mackira] 양이 남쪽에서 쉬면서 돌아오지 않을 때 우리에게 정말 도움이 되었습니다. 선교부는 숙녀들이 나오는 것을 특별히 조심해야 한다고 생각합니다. 우리는 그들에게 지시대로 하도록 만드는 것이 어렵다는 것을 알게 되었습니다. 저는 장로회 선교부 소속 한 명을 해변에서 치료하고 있었습니다. 그녀는 주님께서 그녀의 문제에 관하여 의사와 상담하도록 주님께서 자신을 이끄셨다고 말했습니다. 그녀는 한 곳에서 떨어져 5년 동안 머물렀는데 기도로 이끌려 의사를 보게 되었습니다. 그녀는 말라리아에 걸렸는데 치료로 즉시 회복되었습니다. 우리 딸 중 절반이 아픕니다. 규칙적인 운동 등을 할 때 더 건강할 것입니다. 대부분의 선교사들은 병역 시험을 치르지 않을 것입니다. 우리는 게으른 사람은 필요가 없습니다. 하지만 우리 중 일부는 일반적인 건강을 돌보지 않는다면 50년을 머물지 못할 것입니다. 콜레라로 한국에서 지금까지 대략 2,000명의 목숨을 앗아갔습니다. 우리 사람들은 모두 아직까지는 무사합니다. 회령에서 2명이 죽었고 여기에서 40리 떨어진 곳에서 한 명 죽었습니다. 저는 지금 몇 주 동안 아팠던 사람을 [판독 불가] 갈 것입니다. 아무것도 [판독 불가] 저는 귀하가 어떤 소식을 들을 것으로 예상하지만 조만간 귀하가 흥미를 가질 것들입니다. 책들을 잘 받았습니다. 좋습니다.

엑스레이 의상을 위한 기금을 좀 더 올리기 위해 소책자를 준비하고 있습니다. 결핵은 동양에서 대 질병으로 매 시간 대략 90명의 중국인들이 그 병으로 죽습니다. 저는 결핵에 대한 특별한 연구를 하고 있습니다. 특별히 만주에서 엄청난 분야인 뼈 결핵 일입니다. 엑스레이는 이 선에서 좋은 작업을 위해서 전적으로 필요합니다. 좋은 스냅 사진에 감사드립니다. 잘 받았습니다. 저는 귀하에게 몇 장을 보내 드리겠습니다.

화이트로우 양은 이번 가을에 회령으로 임명되었습니다. 하지만 세브란스가 그녀를 붙잡고 있습니다. 그리고 불쌍한 바커 부부는 병든 바커 부인과 함께 홀로 남겨졌습니다. 콜레라가 마을에 있는데 제 생각에 공평하지 않습니다. 주로 높은 병원 운영비로 인해 발생하는 이 비관적인 소식을 용서하십시오.

우리 모두가 최고의 바램을,

진심으로,

(서명) 스탠리 마틴

1921년

1921년 5월 13일

세인트앤드류스 병원
(캐나다 장로교 선교부)

우편 주소
조선 (일본)
회령 경유 간도

중국 만주
의사 스탠리 해빌랜드 마틴

암스트롱 씨,

"미셔너리 리뷰" 사람들에게 저는 그들의 잡지를 받아보는 기쁨을 아직 갖지 못했다고 전해주십시오. 저는 금년에 구독했지만 아직 복사본을 받지 못했습니다.

저는 그들이 혹시 잘못된 주소로 보내지 않았나 염려가 됩니다. 어찌 되었든지 저는 아직 한 부도 받지 못했습니다.

저는 방금 다섯 번째 수술을 끝마쳤고 피곤합니다[오후 6시]. 오늘 환자가 100명이 넘었습니다. 오늘 오후에 한 중국 여성이 볼 수 있게 되어 집으로 돌아갔습니다. 어느 노인의 독자인 한 소년은 급성 브라이트 질병(신장염) 치료를 받고 집으로 돌아갔습니다.

한국 정부는 부상입은 45명의 환자들을 돌본 것에 대하여 마틴 여사와 [판독 불가] 양 그리고 저에게 금메달을 수여했습니다.

경련을 일으키면서, 그리고 우리가 방금 보니 일어난 15세의 한 어린 소녀는 폐렴이 치료되었습니다. 해당 지역의 커미셔너는 "분명히 사람들을 행복하게 만드는 것은 위대합니다."라고 말했습니다.

저는 우리 병원 조명과 빛을 선택하는 화합물 문제로 록펠러 이사회의 전기 기술자와 연락을 하고 있습니다. 현재는 저렴한 일본제 램프만 있는데 책임감 없는 환자들에게는 밤에 위험 요소입니다. 우리 병원은 꽤 가치가 있기 때문에 저는 연기가 나는 것을 보고 싶지 않습니다. 저는 우리가 병원의 아카데미와 집들 조명도 밝힐 수 있다고 생각합니다. 펌프와 물 시스템은 훌륭하게 작동하고 있습니다.

안부를 전하며 선교부의 모든 선교부원들에게 감사드립니다.

행복을 빌며,

스탠리 마틴

추신. 맥케넨 양은 체중이 13파운드 늘었다고 합니다. 만세.

1921년 5월 23일

세인트앤드류스 병원
(캐나다 장로교 선교부)

우편 주소
조선 (일본)
회령 경유 간도

중국 만주
의사 스탠리 해빌랜드 마틴

암스트롱 씨에게,

동봉 편지에서 용정에 있는 세 채의 집 온수 시설을 위한 계획을 찾아보십시오. 북 [R] 선교부 사택과 독신 여성들을 위한 집은 이를 위해 2,000 달러를 승인한 여성 선교부에게 이미 보내졌습니다. 선교부가 각각의 집에 대하여 1,000 달러만 승인했기 때문에 네 개의 보일러 등이 5,000 달러에 확보할 수 있는지 의문입니다. 여기에서 온수 시설을 선호하는 이유는 다음과 같습니다.

(1) 아카데미와 병원 건물은 증기로 데웁니다. 설치를 위한 도구들과 장비들은 이미 준비되어 있습니다.
(2) 병원 엔진과 펌프는 네 집의 보일러에 물을 제공할 수 있습니다. 금년 6월까지 화재 방지를 위해 4채의 집 바로 앞에는 비어 있는 압력 벽 아래에 물이 있는 관을 제공합니다.

(3) 여기는 시속 50 마일로 바람이 계속 불고 있습니다. 그래서 종종 가장 추운 날들도 온도가 상당히 높습니다. 여기는 많은 양의 바람이 불기 때문에 우리는 고온의 보일러가 만족스럽지 못하다고 생각합니다. 왜냐하면 뜨거운 공기가 늘 쌍이고 집의 측면이 바람에 노출되기 때문입니다.

(4) 뜨거운 물이 [도는 것]은 전적으로 화재의 위험이 있습니다. 고온의 보일러는 적절하게 설치되지 않으면 위험합니다. 온수 시스템은 보일러 안의 온수 핵심부가 우리에게 뜨거운 목욕물 등을 제공하게 해줍니다. 이것을 우리는 조만간 얻게 될 것입니다. 회령에서 독신 여성들의 집에는 적절한 빗장이기 때문에 (필요합니다.) 3명의 선교사들은 실제로 좋은 목욕을 6개월 동안 못했습니다. 위생이 좋아지면 치료받으러 본국으로 가는 것도 줄어들 것입니다.

보일러의 가장 큰 장점은 화재 예방에 도움이 된다는 점입니다. 예를 들어 오늘은 먼지와 서리가 잔뜩 내린 구름입니다. 스콧 씨 집의 화재는 아마도 집 네 채를 앗아갈 것이며 우리에게 세속적인 즐거움은 없을 겁니다. 우리는 모든 건물에 소화기가 있고 병원에는 호스가 있습니다. 봄에는 4집에 소화전을 만들 것입니다. 금년에 건물에 설치할 전문가를 고용할 수 없다면, 저는 온수 시스템을 설치하는 것을 감독할 수 있습니다. 저는 스콧 씨에게 증기 시설을 위한 계획을 보냈습니다. [판독 불가] 조용합니다. 이 먼 곳에 대략 1,500명의 병력이 있습니다. 300명은 지난주 신병입니다.

그들은 이 먼 곳에 새롭게 개설한 15개의 새 경찰서에 새 경찰 127명을 보냈습니다. 일본 주민들은 증가하고 있습니다. 새 은행에는 300,000 엔이 있습니다. 새로운 동양의 발전이며 금년에 회사 건물들이 세워졌습니다. 일본은 그래야만 하지 않는 이상 확실히 칭타오를 포기하지 않을 것입니다.

저는 월요일에 5명의 통신병을 구내 밖으로 쫓아냈습니다. 그들은 문 앞에 한자로 "업무 외 출입 금지"라고 적혀 있는 문을 통해 들어가는 오만함을 보였습니다. 저는 일본 영사에 보고했습니다. 군인들은 질책을 받았습니다. 그들은 몰랐다는 것입니다. 저는 "스파이" 사건의 사본을 동봉합니다. 일본 측은 "해당 경찰은 부분적으로 정신 이상이며 그의 행동에 책임이 없다"고 말하면서 사과했습니다.

안부를 전하며 귀하의 모든 활동에 감사드립니다.

스탠리 마틴

1921년 5월 28일

세인트앤드류스 병원
(캐나다 장로교 선교부)

우편 주소
조선 (일본)
회령 경유 간도

중국 만주
의사 스탠리 해빌랜드 마틴

암스트롱 목사

귀하에게,

저는 귀하에게 다음과 같은 사실을 전하고 싶습니다. 저는 회령과 용정 지부 구성원들의 건강을 면밀히 조사했는데 바커 부인을 제외하면 그들이 건강하지만 대다수는 신체적으로 적합하지 못하다는 사실을 알게 되었습니다. 주로 인력 부족 때문입니다. "한국 선교 현장" 5월호에 실린 미성년 선교사들의 건강이라는 기사를 참조해 주십시오.

진심으로,
스탠리 마틴

추신. 이곳 만주의 영국 영사가 일본인들의 행위를 지켜보고 있습니다.
스탠리 마틴.
그는 이곳의 많은 의료 활동을 우리에게 [25 엔에] 주었다고 생각하고 있습니다.

1921년 6월 14일

세인트앤드류스 병원
(캐나다 장로교 선교부)

우편 주소
조선 (일본)
회령 경유 간도

중국 만주
의사 스탠리 해빌랜드 마틴

암스트롱 씨에게,

저는 "선교 리뷰"와 관련하여 귀하에게 편지를 썼습니다. 저는 고향에 있는 저의 몇몇 친구가 그것을 저에게 보내주어야 한다고 생각합니다. 이런 식으로 올 잡지가 세 개나 네 개 있습니다. 저는 누가 그것들을 보낼 지 알지 못합니다.

주소를 알려주셔서 감사드립니다. 저는 검열 때문에 중요한 모든 것들을 중국 우편으로 보냈습니다. 이런 이유로 고향에서 오는 편지들은 중국을 경유해서 오고 있습니다. 지난 달 검열이 줄어들었습니다. 아마도 묵덴에 있는 영사의 격렬한 발언 때문일 것입니다.

우리는 우리의 모든 난방 시설을 구입하고 병원 조명과 엑스레이를 설치할 수 있도록 한 달 전에 귀하에게 전보를 쳤습니다. 이 세인트 존 기금은 주로 아버지의 강의 등의 결과로 보내졌습니다. 저는 교회에 그 돈과 선한 의지에 감사드렸습니다. 병원의 지붕은 저렴합니다. 병동 지붕의 종이는 수리해야 합니다. 지금 스무 곳이 새고 있습니다. 우리는 5~6년 마다 지붕을 고치는 것보다 석면 기와를 얻고 싶습니다. 병원 주요 난장 시설의 3분의 1은 아직 분리되지 않았습니다. 병동은 설비를 갖추어야 하고 난방을 해야 합니다. 우리의 후방 실험실은 현미경 외에는 설비가 없습니다. 저는 병원 시설에서 아카데미와 집들을 밝히려고 했었지만 지금은 그것이 어려울 것이라는 사실을 알게 되었습니다.

현재 저는 아카데미에서 신체 단련과 화학 그리고 물리학을 가르칩니다. 그리고 그것을 돕는 것을 매우 열망하고 있습니다. 하지만 저는 병원을 위해서 아주 필요한 일을 하기 전까지는 아카데미가 원하는 것이 더 낫다고 생각합니다.

편지 검열은 주로 [세이신]과 여기 사이를 오고 갈 때 이루어집니다. 우리의 모든 편지들은 개봉되고 등기 우편은 회령에서 여기까지 두 달이 걸립니다. 많은 우리의 편지들을 받지도 못하고 있습니다.

마틴 부인은 우리집 경비를 절약하기 위해 여기에서 복부 수술을 받았습니다. 저는 수술을 할 수 없는 의사는 한국 선교에 좋지 못하다고 생각합니다. 여기 두 지부에 있는 모든 선교사들은 건강 검진을 받았습니다. 바커 여사는 지금 많이 좋아졌습니다. 저는 선교부가 한국의 [선교사] 부인들 검사, 특별히 신경계에 관심을 갖기를 조언합니다. (비공개: 폭스 양과 핑랜드 양이 여기에서 유일하게 원기 왕성한 소녀들입니다.) 스콧 씨는 지금 석사학위가 있으며 지금 강한 남성입니다. 나는 그가 회복하기 위해 대부분의 시간을 보낼 때 그 외의 학업을 하는 것은 그와 동등한 체질을 가지고 있는 저로서는 광기나 다름없다고 생각합니다. 그는 저와 2년 동안 같이 있었는데, 요양원에서 6개월 동안 좋은 대화를 나눌 만큼 그에게 필요한 것은 석사학위가 아니었습니다. (대화의 결과는 아닙니다.) 저는 철학에서 금메달을 받고 손바닥 결핵으로 죽은 퀴어 남성 한 명을 알고 있습니다. 최대에 관하여. [근로자 회사] 저는 수술 장비를 거기에서 주문했습니다. 왜냐하면 그들은 선교 병원들을 위해서는 저렴한 가격으로 구성하고 있습니다. '중국 의학 저널'에 따르면 그것들은 소중하며 앞으로 모든 병원 장비는 중국 M.M.A. 협력 위원회를 통해 구매될 것입니다. 저는 그들과 연락하고 있습니다.

세브란스는 우리가 구매하는 곳에서 가장 비쌉니다. 우리는 일본과 미국 회사의 병원 공급 [판독 불가] 에서 그곳에 갑니다. 메네제스 박사도 그곳에서 구입했습니다. 세브란스는 가장 큰 수입을 영업부에서 얻고 있으며 할인해 주지 않습니다. 버로스 웰컴 샹하이는 우리에게 20%를 주고 있습니다. 우리는 중국세만 지불하면 됩니다.

마음을 담아,
진심으로,
스탠리 마틴

1921년 7월 17일

뉴펀들랜드주 세인트존스
르마샹 거리 171번지

맥케이 박사님께,

귀하의 7월 7일자 편지를 받았습니다. 친절하게 환영해 주셔서 감사드립니다. 한국의 요양원에 관한 동봉된 편지에 관해서는 다른 지면에서 대답하겠습니다.

저는 핼리팩스와 뉴펀들랜드에서 환대를 받았습니다. 이곳의 여성 선교회 측에서 어제 오전에 환영해 주었습니다. 교회는 가득 찼습니다. 사람들이 수 마일 떨어진 여름 휴양지에서 와서 사역에 대하여 들을 정도로 모두가 제 이야기에 관심을 갖는 것 같습니다. 그랜드 폴스와 베이 오브 아일랜드에 와 달라는 요청을 받았습니다. 저는 이곳을 9월 12일 개회되는 총회에 가는 길에 방문할 것입니다.

저에게 여기에서 만든 환등 슬라이드가 있지만 토론토에 있는 귀하의 환등 부서에서 일부를 만들도록 신청해 두었습니다. 귀하는 그 음화를 가지고 제가 토론토와 오릴리아에서 사용할 수 있도록 만드실 수 있겠습니까? 저는 그것들을 귀하가 현장으로 돌아갈 때 귀하나 우리 한국 선교사들에게 넘겨줄 수 있습니다.

제가 보스턴에서 토론토와 오릴리아로 갈 때 어떻게 경비를 충당할 수 있는지 조언해 주십시오.

마음을 담아,

우리 한국의 현장에서는 거기에서 오는 어떤 소식이라도 환영입니다.

진심으로,

스탠리 마틴

추신. 제가 다시 평범한 사람이 되었다는 사실을 알려드리고 싶습니다. 저는 빠르게 몸무게가 늘고 있고 전보다 더 건강해질 것 같습니다. 하늘 아버지께 감사드립니다.

스탠리 마틴

한국, 일본, 중국 등의 요양원에 관하여

(1) 저는 극동 지역에 요양원이 필요하다고 생각합니다. 여행 경비 등이 너무 비싸기 때문입니다.

(2) 저는 어떤 식으로 아프든지 일본에 가고 싶지는 않습니다. 제가 도쿄나 요코하마에서 만난 의사들은 세계 몇몇 지역을 제외하면 일본이 극동에서 기후가 가장 [판독 불가]한 곳이라고 말합니다. 1년 중 3번의 다른 시기에 [판독 불가] 부족과 불쾌감 느끼는데 이것은 한국에서는 어느 시기에도 느끼지 못하는 것입니다.

(3) 저는 한국 원산에 한국과 일본을 위한 요양원을 제안합니다. 많은 이유로 원산이 가장 이상적일 것입니다.

(4) 제 생각에 중국 본토를 위해서는 별도의 제도가 필요합니다. 제 생각에 현재의 병원과 우리의 집과 선교 [판독 불가] 여름부터 가는 산지의 병동을 확장하고 장비를 갖춘다면 (이 곳에서 [판독 불가] 단계의 결핵이 좋은 치료를 받고 있습니다.) 귀하는 어떤 [판독 불가] 장소보다 좋은 곳을 갖게 될 것입니다. [중국 선교사들은] 한국과 일본의 돌봄은 젊은 여성과 젊은 부부 사이에서 이루어진다는 점을 잘 알게 될 것입니다. 저는 일본이 한국 선교를 돕지 않을 것이라고 확신합니다.

제 생각에 이러한 기관에는 의료와 수술 모든 분야의 전문가들이 있어야 합니다. 저는 선교사들이 건강을 유지하는 주된 방법은 (다음과 같다고) 강하게 생각합니다.

현장마다 의료진을 두어 각각의 선교사를 주마다 혹은 달마다 지켜보는 것이 그의 중요한 업무가 되게 하는 것입니다. 그들이 올 때까지 기다리지 않는 것입니다. [저는] 그들이 자신들을 돌보고 선교부는 의사가 변하도록 일할 것을 요구합니다.

캐나다 선교부 의사 스탠리 마틴

1922년

1922년 7월 18일

맥케이 박사님께,

7월 11일자 귀하의 편지를 받았습니다. 임대와 관련해서 우리는 파사데나에 있는 별장을 임대해야만 했습니다. 그 별장은 마틴 부인이 월 50 달러에 빌렸는데 그녀의 삼촌 소유의 별장입니다. 그녀의 아버지는 [판독 불가]에 있는 자신의 집이 아니라 그녀와 함께 머물고 있습니다. 우리는 올 겨울 보스턴 근처 아파트에 월 80~100 달러를 지불해야 합니다. 우리는 현장으로 [판독 불가] 나가야 합니다. 그렇지 않으면 우리는 중국을 떠나지 않았을 것입니다.

고향에 가서 교회에서 사역에 대하여 말하는 것은 좋습니다. 하지만 사역으로 다시 나가는 것이 더 좋을 것입니다. 저는 10월에 오릴리아에 가라고 요청받았습니다(여성선교회와 선교주일을 위해서). 동봉된 편지에 대하여 알려 주십시오. 저는 의료 사역을 위해 가서 말한 후에 보스턴으로 즉시 돌아올 수 있습니다. 저는 오릴리아에 돌아갈 자금이 필요합니다. 정리도 하고 옷도 구입했기 때문입니다.

저는 지금 건강해지고 있습니다. 그리고 제가 글을 쓰는 동안 저는 건강한 사람이 앉아서 한 번에 먹을 수 있는 양의 대략 세

배를 먹는 섬에 있습니다. 그리고 빠진 살을 보충하고 있습니다. 용정에 있는 교회에 보내기 위해 이곳 세인트 앤드류스 교회에서 10개의 [판독 불가]를 찍었습니다. 몇 개는 오릴리아에 가져갈 것입니다.

안부를 전하며,

스탠리 마틴

매사추세츠주
윈스럽
윈스럽 하이랜드

맥케이 박사님께,

귀하는 우리 모두가 건강하고 바다 근처 멋진 아파트에서 지내고 있다는 사실에 관심을 갖고 계실 것입니다.

저는 운 좋게도 보스턴에서 몇몇 최고의 외과 의사와 내과 의사를 만날 수 있었는데 매일 (세계적으로 뇌 수술로 유명한) 쿠싱 박사님의 피터 벤트 브리검 병원에서 수술과 다른 좋은 사람들을 보고 있습니다. 저는 어제 리처드 캐벗이 대학원 의사들과 하버드 의과 대학 직원들에게 강의하는 것을 들었습니다. 저는 매사추세츠 안과 진료소와 매사추세츠 일반 병원에서도 일했습니다. 이렇게 훌륭한 의과 대학에서 진단과 치료가 이루어지는 것을 보면, 우리가 중국에서 한 것의 절반을 할 수 있다는 것은 제 생각에 기적입니다. 이렇게 아름다운 수술을 보면 돌아가서 새롭게 알게 된 지식을 실행하고 싶은 마음이 듭니다.

이제 다시 더러운 땅으로 내려와서 우리는 지내기가 어렵다는 것을 발견하게 됩니다. 두 번이나 떠나야만 했고 한 번은 떠나기 한 달 전에 미리 지불해야 했습니다. 우리는 석탄 없이 겨울을 지내야만 했고 제한된 양의 연탄만 얻을 수 있었고 무연탄은 없습니다. 한 달 60 달러 월세를 제외하고도 우리는 보일러 난방, 가스, 전기를 해결해야 합니다. 석탄은 톤당 20 달러입니다(연질). 우리는 석탄 요금을 지불할 때 6개월에 125 달러를 지불할 수 있도록 허용해 달라고 요청하고 싶습니다. 그것은 우리에게 도움이 될 것입니다. 그리고 여름에는 그리 나쁘지 않을 것입니다. 우리는 최소한 임대료가 저렴한 뉴펀들랜드에서 지내기를 원합니다.

저는 한국을 떠난 후 진정한 영적인 삶을 많이 보지 못했습니다. 저는 이곳 교회에서 말했는데 그들은 완전히 죽은 것처럼 보였습니다. 어떤 한국 목사님이 복음을 다시 전하는 것을 듣는다면 기쁠 것입니다.

모두에게 안부를 전하며,
스탠리 마틴

1922년 12월 8일

매사추세츠주
윈스럽
하이랜드
써밋 에비뉴 59번지

암스트롱 씨에게,

귀하의 소식을 다시 듣게 되어 기쁩니다. 마틴 부인은 매우 건강합니다. 그녀는 방금 우리에게 아들을 선물로 주었고 그녀는 매우 행복합니다. 그녀는 침례교 병원에 있는데 그녀는 거기에서 한때 간호사였습니다. 그리고 지금은 그 지역 최고의 남자인 드 로르망디 박사의 보살핌을 받고 있습니다. 그는 그녀의 오랜 친구입니다. 그리고 저는 의사입니다. 그녀는 3월과 4월에 특별 [판독 불가] 하겠다고 제안했습니다. 그녀는 돈을 벌고 싶었습니다. 저는 말했습니다. "절대 안 돼요." 저는 그녀가 행복하다고 느끼고 걱정하는 것을 보여주기 위해 이것을 넣었습니다. 아이는 22년 11월 29일에 태어났습니다(9파운드 1온스).

저는 보스턴에 있는 최고의 병원들에 있었습니다. 록펠러 이사회의 소개로 저는 최고 병원들의 "입장권"을 받았습니다. 저는 눈 수술 두 과정을 마쳤습니다. 하나는 일반 안과 수술이고 정형외과 수술은 과정을 시작했을 뿐입니다. 보스턴을 왕복하는 여행으로 저는 300 달러 상당의 돈을 사용해야만 했습니다. 저는 이미 얻은 지식이 다른 사람들을 왕국으로 이끄는데 크게 기여할 것이라고 생각합니다. 특별히 여기 의사들은 제가 안과 수술을 잘 한다고 생각합니다. 그들은 “당신은 집에서 이렇게 많은 돈을 벌 수 있을 때 왜 시간을 낭비합니까?”라고 묻습니다. 저는 어떤 사람에게 집에 머물면서 사시 눈 근육을 절단한 대가로 가난한 학교 선생님에게 150 달러를 청구하기(적절한 사례로) 보다는 “저는 차라리 개가 되어 달을 보고 으르렁거릴 것입니다.”라고 말했습니다.

저는 다시 바빠지고 싶습니다. 그리고 여기에서 사회 봉사 일을 찾고 있습니다. 설교는 거의 하고 있지 않지만 강의는 많이 합니다. 우리는 한국인들의 영적인 삶이 그립고 다시 집으로 돌아간다면 기쁠 것입니다.

저는 2월 이후에 귀하가 원하는 어느 곳에서나 강의할 준비가 될 것입니다. 저는 우선 정형외과 수술을 끝내고 싶습니다. 저는 우리 사역의 좋은 슬라이드 120개를 가지고 있습니다. 저는 가능한 빨리 오릴리아로 가야만 합니다.

병원 지붕에 관하여,

병원 지붕은 고무가 아닙니다. 그것은 저렴한 몽고메리 워드 종이고 색깔은 진한 붉은 색입니다.

그것은 폭염으로(7월) 일본에서 지연되었습니다. 그리고 무거운 무게 아래에 놓여 있습니다. 그것은 7월에 도착해서 서리가 내리는 11월에 열렸는데 표면이 깨졌습니다. 하지만 지붕 공사는 지속되어야 하기 때문에 우리측의 항의로 덮었습니다. 시공자는 저에게 몽고메리 워드를 적으라고 요청했습니다. 도착 조건에 관하여. 그들은 우리에게 추가 비용 없이 지붕 재료 절반을 제공했습니다.

그래서 남자 병동에 덮었습니다. 최초의 진료서는 이제 6년이 됩니다. 대부분의 제조사들은 5년만 보증합니다. 병원은 곳곳에서 물이 샙니다. 특별히 비싼 장비가 있는 수술실이 샙니다.

간도는 바람이 중요한 고려 사항입니다. 고무 실로 만든 최상의 종이 지붕이라도 오래가지 못합니다. 종이는 조금이라도 움직이면 못 주변의 구멍에서 샙니다. 가장 자리 주변에 못 구멍이 있을 수밖에 없습니다.

종이 지붕을 주목해 주시기 바랍니다. 모든 네 집과 아카데미는 훨씬 뛰어나며 아카데미를 제외하고 모두 고무입니다.

제 주장은:

(1) 석면은 무기한 지속됩니다. 강하고 내구성이 있으며 지붕 기둥의 무게를 지탱합니다.

(2) 회색 콜론은 회색 벽돌과 화강암으로 지은 전체 건물과 잘 어울리며 마감 및 외관이 뛰어납니다. 싼 지붕은 지금 병원이 그런 것처럼 잘 마무리된 구조물도 싸게 보이도록 만듭니다.

건물의 나머지는 잘 만들어졌습니다. 그리고 본래 건물에서 저는 나중에 좋은 지붕을 만들려고 계획했습니다. 그래서 우리는 벽과 이중 바닥에 더 좋은 작업을 할 수 있었습니다. 병원은 비용이 단지 8,000 달러였습니다. 길이가 260 피트이고 뒤쪽으로 날개가 60 피트입니다. 진짜 고무 지붕이면 정말 좋았을 겁니다. 하지만 진짜 지붕이 더 연기된다면 너무 슬플 것 같습니다.

여기 150,000 달러짜리 새 (병원이) 있습니다. 일본 병원이 용정에 방금 끝마쳤습니다. 문제는 우리가 우리의 일을 가치 있게 만들 수 있느냐입니다. 남자 두 명 혹은 남녀 (각) 한 명에 간호사 한 명이 있습니다. 그녀가 한국에 오기 전까지는 세브란스에 소속되지 않습니다. 저는 새 간호사가 세브란스로 간다고 들었습니다. 영(Young) 양은 세브란스 간호사입니다.

선교는 (두 명 지부인) 함흥에서 진짜 사역을 하는 것일까요. 저는 눈먼 사람과 다리 저는 사람에게 최선을 다 할 수 있는 작은 병원에서 외과 의사로 최선을 다해야 한다고 생각합니다. 저는 셋 중 남자 한 명인 병원이 여자 한 명에 남자 두 명인 병원보다 전체적으로 좋지 않다고 생각합니다. 함흥에서 진짜 사역을 하는 것을 선교부가 바란다면 저는 그곳으로 가는 데 만족할 것입니다.

앞으로 5년 동안 남자 한 명 지부가 된다면 저는 호남 지역으로 가서 아주 바쁜 그곳에서 다른 남자들과 함께 일하고 싶습니다. 사방으로 흩어질 의사들이 우리 선교부에 충분하지 않습니다. 맨스필드 박사는 그가 우선 세브란스 직원이라는 점에서 우리 선교에서 정말 벗어났습니다. 그리어슨 박사는 우선 의료 사역에 관심이 없습니다. 그 병원은 봄에 수치였습니다. 왜냐하면 간호사가 세브란스로 보내졌고 한국인들이 담당하기 때문입니다. 그것이 머레이 박사와 제가 떠난 이유입니다. 우리 둘 모두 우리가 함께 하거나 아니면 다른 박사를 우리에게 보내 (의사) 두 명의 병원이 되는 것입니다. 만약 우리가 지금 하는 것처럼 계속한다면 결국 100 가지를 꽤 잘하지만 어떤 것도 제대로 하지 못한 가련한 병원에서 과로로 죽은 M. M. 박사처럼 우리도 끝날 것입니다. 대신 저의 한 가지 목표는 금년에 무언가 잘 하기 위해 배우는 것입니다.

이 곳에 어느 부자가 있습니다. 어떤 의사는 지붕을 위해 그가 무언가 줄 것이라고 말합니다. 저는 아직 얼마일지 말할 수 없습니다. 귀하가 (스프룰 박사)에게 보내는 편지는 필요성을 보여주는 가치가 있을 것입니다.

제가 남자 (의사) 둘인 병원에 대하여 아는 것이 강합니다. 하지만 격리된 지부에서 상담도 하고 서로 어려운 사례들을 함께 처리하면서 우리가 사역을 더 잘 할 수 있다고 말할 수 있는 것 이상을 느낍니다.

제가 비록 절반을 아팠지만 저와 머레이 박사가 함께 2 달 동안 일했을 때 우리 일의 효율성이 60% 정도 증가했다고 생각합니다. 머레이 박사의 친구 중에 뉴브런스윅 세인트 존 종합병원의 한 의사가 있는데 그가 한국에 가고 싶어 합니다. 선교부의 한국 의료 정책이 무엇인지 알려 주십시오.

제가 하나를 얻기 위해 5년 동안 열심히 일했지만 선교부는 정책이 없습니다. 머레이 박사와 저는 아마도 새로운 의료 학교에 속하게 될 것이며 우리 둘은 무언가 행해져야 한다고 생각합니다. 세인트존스 뉴펀들랜드 장로교회가 우리병원 제창병원 엑스레이를 위해 5,000 달러를 주었는지 알려 주십시오. 아직 준비 중인가요? 아니면 그 일부인가요? 제가 그 기계를 선택했습니다. 제가 그것을 한국에 가지고 가고 싶습니다. 다른 가을에 돈을 사용할 수 있기를 기다리고 있습니다. 뉴펀들랜드의 세인트존스 교회는 저를 지원하기 위해 무엇을 택했나요? 교회 전체가 염려하는 것 같습니다.

안부를 전하며,
진심으로,
스탠리 마틴

매사추세츠주
윈스럽
하이랜드 윈스럽
써밋 에비뉴 59번지

암스트롱 씨에게,

어제 저녁에 목사 친구 한 명과 저는 스프룰 박사의 초대를 다시 받았습니다. 그는 병원 지붕을 위해 우리 선교부에 돈을 보낸 것에 대한 귀하의 감사 편지를 우리에게 읽어주었습니다. 그는 또한 내가 하버드 의대에서 배운 것에 대해 신중하게 물어보았으며 눈 수술과 정형외과 일이 절실하게 필요하다는 몇몇 이야기를 들은 후에 12월부터 중단하게 된 저의 학업을 지속해야 하고 도시에서 대학원 공부를 위한 우수한 시설을 이용해야 한다고 생각했습니다. 그는 특별히 의료 선교에 관심이 많고 눈 질환이 많은 페르시아에 있는 의사를 돕고 있습니다.

저녁에 그는 저에게 이 수표를 주었습니다. 이 돈은 자금이 없어 제가 할 수 없었던 일을 가능하게 해 줄 것입니다. 다음 두 달 동안 저는 두 세 개의 과정을 들을 계획입니다. 이것들 중에 있는 "굴절력"은 용정에 있는 우리 병원이 자립하는 데 큰 가치가 있을 것입니다. 왜냐하면 사람들은 좋은 안경을 위해 돈을 지불할 의향이 있기 때문입니다.

이것들은 용정에 있는 병원에 필요한 검안경과 같은 특별한 도구를 사는 데 포함되면 돈은 잘 투자된 것입니다. 이 동봉된 수표는 제가 스프롤 박사님께 요청했듯이 선교부를 통해 만들어집니다. 제가 다시 바빠지고 끝낼 수 있도록 그 금액을 가능한 빨리 보내셔도 됩니다. 그래서 귀하가 제안한 대로 저는 캐나다에 가서 강의할 수 있습니다.

새해 바램이 이루어지길 소망합니다.

진심으로

스탠리 마틴

추신. 저는 퀸즈의 베리 씨를 잘 알고 있습니다. 저는 선교사가 될 더 나은 학생을 만나지 못했습니다. 그는 진정한 기독교인이며 상식이 풍부합니다. (그는 저와 함께 학생 자원봉사자였습니다.)

1923년

1923년 2월 20일

매사추세츠주
윈스럽
써밋 에비뉴 59번지

암스트롱 씨에게,

한국에서 의료 등록에 관한 귀하의 편지에 관하여. 일본이 한국을 점령했을 때, 그리어슨 박사님과 같은 분은 새 면허증 없이 계속할 수 있도록 허락받았습니다. 맨스필드 박사와 같은 미국인이나 캐나다인은 도쿄에서 시험을 치러야 합니다. 맨스필드 박사님은 한국 의사 학위와 면허를 가지고 원산에 있는 병원에서 일하고 있습니다. 세브란스에 있는 미국인 스타이츠 박사님은 저에게 자신의 어려움을 말했습니다. 도쿄에서 치르는 시험은 두 부분입니다. 그들은 두 가지 시험을 같이 치르는 것을 허락하지 않을 것입니다. 제 생각에 필기 시험과 구술 시험 사이에 6개월이 경과해야 합니다. 아시듯이 일본은 의학과 군사 전술에서 독일을 모방합니다. 그래서 캐나다인들과 미국인들은 독일 의대를 따라, 독일어를 유창하게 구사하고 영어를 어려워하는 사람들에 의해 시험을 치르면 어려움이 있습니다.

제가 이미 한 것처럼 제가 제안하는 바는 영국 국민들이 영국 면허증을 취득해야 하고 미국인들은 도쿄에 가서 시험을 치러야 하는데, 일본 제국의 어디서든지 일할 수 있도록 자격을 부여해야 한다는 것입니다.

한국에서 일하기 위해서는 뉴펀들랜드에서 시험을 치러야 합니다. 여기에 5 [영국 파운드]를 추가해서 런던으로 보내면, 영국에서 일할 수 있는 면허증을 받을 수 있습니다.

저는 정형외과 수술에서 받을 수 있는 최상의 과정들을 받고 있습니다. 저는 다음주에 기독 청년회에서 강연할 예정입니다. 우리 모두는 잘 지내고 있지만 이번에는 아주 힘든 겨울입니다.

저는 [러시아인들]을 도와주기 위해 용정으로 돌아가고 싶은 마음이 큽니다. 우리는 10월 18일에 떠나는데, 여기에서 뉴펀들랜드로는 6월에 떠납니다. 우리는 7월, 8월, 9월을 뉴펀들랜드에서 지내고 10월 18일에 엠프레스 오브 캐나다호를 타고 캐나다를 떠날 예정입니다. 저는 여기에서 3월 20일 말까지 제 과정들을 마칠 예정입니다.

무료로 할 수 있는 의료 활동이 많이 있지만 겨울이 지나면 저는 가능한 빨리 오릴리아로 돌아가야 합니다. 4월과 5월에는 귀하가 원하는 어떤 일이든지 기꺼이 하겠습니다. 저는 오릴리아와 그 주변에서 최소 1-2주를 보내야 합니다. 저는 병원비로 4,000 달러를 주신 포트엘긴의 커 씨와 몬트리올의 우드로우 양을 뵙고 싶습니다.

진심으로

스탠리 마틴

1923년 3월 6일

매사추세츠주
윈스럽
하이랜드
써밋 에비뉴 59번지

암스트롱 씨에게,

저는 방금 머레이 박사의 편지를 받았습니다. 그녀는 수많은 러시아 난민들을 포함하여 우리 병원이 가득 찼다고 말합니다. 그중 한 명은 폐렴에 걸린 유명한 가수입니다. 그녀는 차르의 수상의 전 부인입니다. 침대에 누운 것은 5년 동안 처음입니다.

함흥은 강력하게 의사를 필요로 합니다. 저는 머레이 박사가 연차 총회가 끝난 후에 용정으로 돌아가고 싶지 않을 것으로 예상합니다. 병원이 정말 한 달이라도 휴원한다면 정말 좋지 않기 때문에 저는 빨리 돌아가고 싶습니다. 우리는 10월 18일자 표를 예약해 달라고 요청했습니다. 가능하다면 프레이저 가족과 같은 증기선으로 가면 좋겠습니다. 이렇게 처리될 수 있는지 저희에게 알려주십시오. 우리는 프레이저 가족과 같은 지부로 가고 있기 때문에 우리는 도중에 서로 도울 수 있을 것입니다.

추신. 저는 맥햅 목사님께 편지를 썼습니다.

저는 용정에 두 번째 의사가 있기를 간절히 바라고 있습니다. 어떻게 예상하고 계신지요? 한국에는 [버리]가 없나요?

문서를 동봉하며

진심으로
스탠리 마틴

필요한 경우 저의 4월과 5월 여행이나 일정을 주선해 주시기를 부탁드립니다. 저는 맥멀린 씨의 아버지(스미스)의 고향인 오릴리아주 미들랜드와 몬트리올의 킹스턴 그리고 커 씨의 고향인 포트 엘긴을 방문하고 싶습니다.
저는 정형외과 수술로 멋진 시간을 보내고 있습니다. 귀하는 심한 기형아들이 이 훌륭한 병원에서 어떻게 교정되고 행복해지는지 보셔야 합니다.
저는 특별히 결핵 사례들을 추적하고 있고 엑스레이 판을 읽고 있습니다. 저는 돌아가면 더 나은 뼈 수술을 하기로 결심했습니다. 그래서 엑스레이를 위한 세인트존스 보조금이 궁금합니다. 그것이 일반 회계에 포함된다면 저는 캐나다를 떠나기 전에 약간의 옷을 구입하기 위해 노력하고 싶습니다.

1923년 3월 28일

매사추세츠주
윈스럽
써밋 에비뉴 59번지

암스트롱 씨에게,

모든 것이 괜찮습니다. 프레이저와 저는 캐나다 클럽의 손님으로 보스턴 시립 교회의 조지 포스터 경이 캐나다 클럽의 초대 손님이라고 들었습니다. 기독 청년회에서 [판독 불가]이 있었습니다. 캐나다 행 1/2 요금 티켓이 정상이라고 들었습니다. 고맙습니다. 1/2 요금은 뉴잉글랜드의 국가들 중 일부에서는 받아들여지지 않기 때문에 그러한 성직자 요금은 저에게는 소용이 없습니다. 저는 6월과 7월까지는 뉴펀들랜드에 가지 않을 것입니다. 그리고 가족 전체를 데리고 핼리팩스를 보트로 경유해서 세인트 존으로 갈 것입니다. 이번 여행은 [5월] 이후에 가급적 속히 돌아가려고 합니다. 왜냐하면 우리 가정부가 조만간 떠나고 마틴 부인은 세금을 과도하게 부과해야 합니다. 저는 몬트리올을 경유해서 돌아가서 그들을 지원해야 합니다.

여행을 마치도록 주선해 주시고 버팔로를 경유해서 토론토로 갈 수 있도록 돈을 보내 주시기를 부탁드립니다.

안부를 전하며
진심으로
스탠리 마틴

추신. 우리 아이들 전부 홍역에 걸렸습니다.

매사추세츠주
윈스럽
'하이랜드'
써밋 에비뉴 59번지

크랜스턴 양에게,

3월 15일자 편지에 감사드립니다. 당신의 편지에서 제안하고 있듯이 97호와 101호실을 배정해 주면 좋겠습니다. 엠프레스 오브 캐나다호로 8월 23일에 항해합니다. 우리는 아이들이 서로 알기 때문에 프레이저 가족과 함께하는 것에 너무 기쁩니다. 우리는 같은 지부에 묵일 것입니다. 바쁘지 않으실 때 덴홈이 대만에서 어떻게 지내고 있는지 알려주시면 좋겠습니다. 그는 의과대학에서 저의 룸메이트였습니다.

감사하며,
진심으로,
스탠리 마틴

메사추세츠주 "하이랜드"
윈스럽
써밋 에비뉴 59번지

맥케이 박사님께,

세인트 존스 뉴펀들랜드 장로교회의 로브 파워 목사의 편지가 동봉되어 있습니다.

이 편지는 우리가 지난 4년 동안 계획했던 제창병원 엑스레이를 위한 5,000 달러에 관한 것입니다. 귀하는 동봉된 교회 회보를 통해 어디에서 기금이 주어졌는지 알게 될 것입니다. 그리고 "4월호"에 제가 5,000 달러를 알게 되었고 세인트 앤드류스 교회와 세인트 존스 교회에 중국 의학 협회의 엑스레이 부서와 협의중이라는 내용이 있습니다.

동봉된 것은 제가 선택한 장치의 일부인데 제가 있었던 세인트 존스의 장로교인에게 보여주었던 것입니다. 여성 선교회의 회장의 형제인 로스 씨가 이 회사의 대리인입니다. 우리는 이번 가을에 모든 것이 진행되도록 준비했습니다. 하지만 약간의 실수가 있었던 것으로 보이고 이 [지출 금액]이 일반 전진 운동 기금으로 들어가 우리에게 손실이었습니다.

만약 사정이 이러하다면 제가 세인트 존스 교회에 있는 친구들에게 한 달 안에 설명하는 것은 매우 어렵습니다. 이 교회는 캐나다 교회와 다소 독립적입니다.

오릴리아에서 준 14,000 달러 중에서 12,000 달러는 제 생각에 동봉된 계좌를 따라 사용된 것 같습니다.

심지어 지금도 병원 지붕은 스무 개가 넘는 곳이 새고 있습니다. 선교부는 진짜 지붕을 허락하지 않을 것이기 때문에 보스턴에 있는 한 의사는 다른 저렴한 지붕을 사라고 200 달러를 주었습니다.

전등 설비는 전적으로 엑스레이 설비를 위해 [학생들이] 겨울 내내 준비해서 설치했습니다. 그래서 제가 돌아가면 엑스레이를 제 시간에 작동할 것입니다. 우리 환자의 50%는 결핵입니다. 이런 식으로 젊은이들의 몸을 살리는 치료 일을 할 수 있습니다.

용정에 남은 돈은 난방 시설과 수도 시스템을 수리하기 위해 (용정) 지부에서 보관 중입니다. 그들은 제가 원하는 돈은 집에서 보관하고 있어야 한다고 말했습니다.

(1) 엑스레이를 어디에서 구입하는지 (2) 제가 그 돈을 가지고 우리의 옷을 [판독 불가-10]에서 가져오는 것을 끝마칠 수 있는지 조만간 알려 주시길 부탁드립니다.

우리는 여기에서 어떻게든 잘 지내고 있습니다. 우리는 한 달에 50 달러 이하로 가정부를 둘 수 없기 때문에 첫 번째 보트로 뉴펀들랜드로 가면 좋겠습니다. 대만에 두 세명의 의사들이 충원되기 전까지 한국에서 (의사들을) 기다려야 하기 때문입니다. 맥클루어스지 한 두 부가 왜 그곳으로 보내지지 않았는지 궁금합니다. [강눈]은 이제 네 명의 의사를 갖게 됩니다.

이렇게 변화와 돈이 부족한 시대에 여러분의 성공과 안녕을 기원합니다.

진심으로,

스탠리 마틴

1923년 5월 2일

토론토

해외선교부 집행부
또는 맥케이 박사님

선생님들께,

한국 선교의 의료 정책과 관련해서 저는 다음과 같은 기록을 제출합니다:-

비록 제가 매년 총회에 하나의 형식을 만들려고 노력했지만 한국에는 어떤 명확한 의료 정책이 없었습니다.

2일 병동에 관하여

(1) 오늘날 의료훈련 (6년) (병원없이) - 잘 배치된 기관에 있거나 전문가의 견해를 얻을 수 있지 않다면 심한 장애가 있는 사람에게 적합하다.

고립된 병원에서는 다음과 같은 문제가 더욱 심화된다.

(1) 전염병

(2) 전시 상황 (만주에서 일본의 만행) 우리 병원이 중국 적십자의 일을 수행하고 있는 중국 남부와 서부에서의 전투

(3) 해산하는 의사 부인 돌보기 – 문명 국가에서는 언제나 [판독 불가]

(4) 자기 스스로를 치료해야 하는 중병에 걸린 의사들의 치료 – 심지어 마지막 단계에서도

일반적으로:

더 나은 의료와 수술 작업을 수행할 수 있는 능력.

자립할 수 있도록 병원의 효율성 증진

지금은 간과하고 있는 의료적인 진술은 어느 정도 수행될 수 있다.

휴직과 휴가 동안 병원을 열 수 있다. 휴가를 위해 50개 병상이 있는 병원을 비울 수 없다.

현재는 한국에서 기금을 절약해서 한 병원을 적절하게 운영하는 것이 이상적이다. 정말 잘 운영되고 있는 한 병원이 있다. 그것은 만주에 있다.

한국 의사들은 돈 벌려고 한다. 성진에 있는 한 의사는 뛰어난 의사인 머레이 박사보다 더 많은 급여를 받고 있다.

몇 가지 이유로 한 동안 한국의 의사들을 신뢰할 수 없다. 젊은 의사들은 규제, 관료주의, 일본인 변호의 필요성, 선교사들의 건강이 있는 일본 제국에서 일하고 싶어하지 않습니다.

함흥은 원산 그리고 서울과 철도가 잘 놓여 있다. 그래서 쉽게 의사를 만날 수 있고 환자들은 병원에 갈 수 있다.

용정은 고립되어 있다. 일본은 리모델링 하지 않는 이상 함흥

에 10개 병상을 가진 병원을 허락할 것이다. 화이트로우 양의 휴직으로 용정과 함흥에는 간호사가 없는 상태다. 성진에도 간호사가 없다.

만약 맥밀란 박사가 같은 지부의 다른 의사에게 장티푸스 예방 접종을 받았다면 아마도 우리와 함께 있을 것입니다. 이러한 제안하는 글과 함께 저는 다른 의사가 임명되기 전까지 머레이 박사가 용정에 머물렀으면 정말 좋겠습니다. 함흥이 [판독 불가] 열릴 때.

진심으로,
스탠리 마틴

1923년 5월 11일

매사추세츠주
윈스럽
써밋 에비뉴 59번지

맥케이 박사님께,

동봉된 편지를 주의 깊게 읽어 주십시오. 머레이 박사의 여동생인 애나 양은 금년에 대학을 졸업하는데 결핵 폐 상태입니다. 그녀는 건강하며 그녀의 언니처럼 원기 왕성합니다. 저는 만약 머레이 박사가 의료 사역에 어떤 지부에 홀로 배치된다면 그녀의 일생은 매우 빨리 단축될 것이라고 확신합니다.

그녀는 선교사들처럼 건강합니다. 하지만 그녀는 심각한 신경쇠약에 걸리기 쉽습니다. 또는 누군가 그녀를 주시하지 않고 그녀의 에너지를 사용하도록 둔다면 생활에 문제가 생깁니다. 저는 그녀와 3개월을 같이 일했기 때문에 그녀를 이해합니다.

미스 필드 양의 건에 관하여, 저는 이런 일이 반복되지 않도록 선교부가 어떤 조치를 취하기를 바랍니다. 저도 비슷한 사례가 있습니다. 북장로교 선교부의 에저튼 양이라는 젊은 여성입니다.

그녀는 폭력적으로 미쳐갔는데 주로 언어 공부와 수업 때문이었습니다. 휴식하라고 지원받은 원산 해변에서입니다. 휴식하는 대신 이 가련한 여성은 낮에는 언어 공부를 했고 밤에는 성결집회를 가졌습니다. 성령을 기다린 것입니다. 앤더슨 박사와 나는 휴가 동안에 해변에서 공부하는 것을 강력하게 반대했습니다. 이것은 제거되었습니다.

한국의 의료 [판독 불가]는 특정 유형의 성결 집회와 선교사들의 휴식에 도움이 되지 않는 다른 모임들을 없애려고 시도하고 있습니다. 지금 저는 휴가 중인 사람들에게 전체적으로 너무나 많은 과정들이 있다고 생각합니다. 우리는 이것들 중 몇 가지 없어도 할 수 있습니다. 선교사 휴가는 무엇보다도 쉬어야 합니다. 둘째 또는 셋째가 공부하는 것입니다. 이 점을 머레이 박사가 알도록 전달해 주십시오.

두 개의 지부를 채택하도록 협의회를 촉구하기를 바랍니다.

진심으로,

스탠리 마틴

머레이 박사가 함흥에 간다면 그녀는 단지 서른 살이지만 모든 일을 맡게 될 것입니다. 거기에는 의료적인 것보다 더 많은 병원 업무가 있습니다. 건물 리모델링이 있을 것입니다. 일본 정부 등에 할 보고를 줄이는 허락에 관하여 일본 경찰과의 협의입니다. 북장로교 선교부는 두 사람을 한 사람으로 배치하기 위해 두 병원을 폐쇄했습니다.

평양에 있는 젊은 여자 의사인 커터 박사는 제가 그 곳에 있을 때 저에게 그녀의 여가 시간 절반을 일본 정부와 관련된 것들을 한다고 말했습니다. 핵심은 에너지가 넘치는 젊은 여성을 분부한

지부에 홀로 배치하는 현재의 정책은 전적으로 잘못이며 결국 중국, 일본, 또는 한국 어디든지 의료 사역을 닫게 하는 가장 빠른 방법이라는 것입니다. 의료 선교사들이 무너지기 때문입니다.

매사추세츠주
윈스럽
하이랜드
윈스럽
써밋 에비뉴 59번지

크랜스턴 양에게,

서던 피시픽 레일로드 회사가 우리 선교부에 환불해야 하는 160.28 달러에 관하여. 우리는 로스앤젤레스에 있는 서던 퍼시픽 리그 본사 사무실의 여객 대리인에 의해 정상적으로 발권된 표를 구입해서 6월 23일 경 캘리포니아를 떠났습니다.

우리가 전에 받았던 선교사 할인 없이 제가 두 장의 새 티켓을 구입해야만 하는 동안 그는 기차를 잡아 주었습니다. 저는 새 티켓에 지불된 돈의 영수증을 받기 위해 주의를 기울였습니다. 시카고에 도착하자마자 저는 변호사 친구와 함께 서던 퍼시픽 티켓 사무실로 갔습니다. 그는 이 건을 기록했고 로스앤젤레스에 있는 사무실에서 환불할 것이라고 말했습니다. (시카고에 있는 대리인이 로스앤젤레스 본사 사무실에 있는 대리인에게 보낸) 편지의 사본을 보내 드립니다. 영수증 또한 로스앤젤레스 티켓 사무실에서 수정해서 유니언 퍼시픽을 통해 우리가 있는 시카고로 전달되었습니다. 그래서 우리는 로스앤젤레스에서 몇 마일 떨어져 있는 파사데나로 가서 유니언 퍼시픽의 대리인에게 우리의 티켓을 보여 주었는데 그는 모든 것이 정상이라고 말했고 우리에게 시카고로 가는 객실을 주었습니다(우리 세 아이는 백일해를 앓고 있었습니다). 라스베가스 안내원이 우리 티켓 시간이 잘못되었다고 말하기 전까지는 모든 것이 맞았습니다. 그리고 그는 새 티켓을 준비해 주겠다고 말했습니다. 맥케이 박사를 통해 선교부에 [알렸습니다.] 그리고 [맥케이 박사님]에게 그들과 함께 이 문제를 해결해 달라고 요청했습니다. 시카고에 있는 [판독 불가] 저는 그 [대리인]에게 모든 편지를 토론토에 있는 [해외] 선교부로 보내라고 말했습니다. 저는 선교부의 위임을 받은 사무실이 더 빨리 만족할 것이라고 생각했습니다. 로스앤젤레스에 있는 서던 퍼시픽 레일로드 본사 사무실에 있는 티켓 대리인이 실수했습니다. 티켓은 샌프란시스코에서 발행되었지만 우리가 백일해로 한 달 동안 그곳에 머물렀기 때문에 로스앤젤레스에 있는 본사 사무실로 반환되었습니다. 많은 서신을 교환했지만 우리는 비앤에이 레일로드 측으로부터 10.73 달러를 환불 받지 못했습니다. 이 일이 파업 중에 일어났기 때문입니다. 추가로 160.28 달러를 지불해야만 했기 때문에 [친구] 보스턴에 도착하자마자 저는 선교부에 200.[5]0 달러를 미국 선교부를 통해 전달해 달라고 요청했습니다. 보스턴 (패이튼 박사님). 저는 200 달러를 받았습니다. 이 중에서 당시 저는 110.42 달러를 환불할 수 없어서 그 돈을 여름 몇 달 동안 분할해서 지불하는 것을 허락해 달라고 요청했습니다. 왜냐하면 이 곳 임대료와 석탄이 한 [달]에 100.00/ 100 달러입니다.

저는 이것이 우리의 회계 장부를 이해하는데 도움이 되길 바랍니다. 서던 퍼시픽 측과의 서신이 어떻게 해결되었는지 알려 주시길 부탁드립니다. 저는 잘 해결되길 정말 바라고 있습니다.

진심으로,
스탠리 마틴

추신. 125.00/00 달러는 제 실수입니다. 저는 110.40/100 달러를 말했던 것입니다.

위 항목들은 추가 화물로 표기됩니다. 우리는 여전히 보스턴에 있는 비앤에이 레일로드 회사와 다투고 있습니다. 저는 시카고에 있는 서던 퍼시픽 레일로드 회사에 변호사 친구와 같이 갔습니다. 그 곳의 수석 회계사는 서던 퍼시픽 대리인의 실수라고 기록했습니다. 그 당시에는 선교사 요금이 없습니다. 왜냐하면 그는 그 역에서 작성할 성직자 증명서가 없었기 때문입니다. 시카고의 서던 퍼시픽 회사의 수석 회계사는 우리가 두 세트의 티켓을 구입했는데 한 세트는 가치가 없다는 것을 보여주는 영수증을 가지고 있기 때문에 로스앤젤레스에 있는 회사가 두 번째 금액을 환불하고 수표를 토론토에 있는 컨페더레이션 라이프 빌딩 439번지로 보낼 것이라고 말했습니다. 로스앤젤레스에 있는 서던 퍼시픽 회사 본사 사무실, 즉 로스앤젤레스에 있는 본사 티켓 사무실은 티켓이 정상이라고 말했습니다. 파사데나에 있는 [유니언] 퍼시픽 대리인은 정상이라고 말했고 두 티켓의 객실을 주었습니다. 하지만 그 승무원이 라스베가스에서 기차를 멈추어 세우고 새 티켓을 구매하라고 했습니다.

저는 그에게 저의 영구 주소를 주었습니다. 이 문제에 대하여 그들로부터 듣지 못했다면 [맥귀니스] 사무실, 미국 캘리포니아주 로스앤젤레스에 있는 서던 퍼시픽 레일로드 회사에 편지를 써서 백일해에 걸린 마틴 박사의 티켓을 환불해 달라고 요청하시기 바랍니다. 우리는 [어메리칸][판독 불가]의 [판독 불가] 박사에 의해 캘리포니아에서 보장되었고 파사데나에서 한 달 동안 머물러야만 했습니다. 그래서 파사데나에서 비용이 발생했습니다. 거기에서 저는 적절한 전문가에게 특수 치료를 받았고 완전히 회복되었습니다.

진심으로,
스탠리 마틴

스탠리 마틴 박사의 여행 경비

박사, 마틴 여사, 세 자녀

맥콜 씨로부터 수령	$766.38
[중국]에서 통행	733.62
보스턴 선교부로부터 수령	
1500.00	
	200.00
$1700.00	

총 지출	$1589.58
미결제	$110.42

9월 급여 계산서에서 삭감해 주십시오.

지출

	엔(Yen)화
용정에서 해리웨이	60.00
해리웨이에서 세이신	9.00
세이신에서 일본	80.00
수화물	7.25
일본 호텔 [후루가]	29.50
세이신 호텔	23.80
인력거	4.00
요코하마행 R.R. 티켓	38.32
이스턴 호텔	59.45
수화물과 택시	8.00
"중국" 증기선	1467.24
인두세	32.00
여권	40.00
엔.	1858.56

이월금	엔. 1858.56
	= 달러 929.28

샌프란시스코 택시 2.50

호텔 59.00

마틴 부인과 아이들 파사데나행

9.35

달러 1000

시카고행 티켓 106.84

선교사 요금

동일 - 티켓 대리인의 실수로 인해

160.28

안내원이 요구함

객실 66.75

기차 내 식사 28.79

선교부에 보낸 전보 2.00

보스턴 호텔 19.00

식사 16.00

1399.79

이월 1399.79

시카고발 보스턴행 58.83

기차표

마틴 부인 브룬스윅행	5.00	
택시		2.50
추가 수화물 (마틴 부인)	10.73	
마틴 박사 [로마니아] 호텔 하루 추가	5.00	
샌프란시스코 파사데나	4.00	
마틴 [박사] 보스턴에서 세인트존스행 증기선표	75.00	
수화물	1.50	
시카고발 보스턴행 추가 수화물	10.73	
[보트] 타기 위해 찰스턴행		
택시		1.50
[팁] 절반		15.00
총지출	$1589.58	

1923년 7월 15일

뉴펀들랜드
세인트 존스

암스트롱 씨에게,

마틴 부인은 8월 말에 중국으로 출발할 정도로 충분히 [판독 불가-2] 하지 않습니다. 우리는 10월에 출항하는 것을 선호합니다. 만약 준비된다면 그 때에도 아마도 저 홀로 갈 것입니다. 그것이 우리 모두에게 최선이 될 것이며 비용도 줄일 것입니다.

안부를 전하며,
진심으로,
스탠리 마틴

1923년 8월 22일

뉴펀들랜드 톱세일

암스트롱 씨에게,

아마도 귀하는 우리가 여성 선교회 맥길버리 씨와 연락했다는 것과 오릴리아에 있는 교회의 장로들은 제가 용정에 혼자 돌아가는 동안 마틴 부인이 거기에 머무를 가능성을 고려했다는 점을 아실 것입니다. 저희 두 사람에게 매우 고통스러운 이러한 상황은 휴가 동안에 우리의 아들이 태어난 후 적절한 도움 없이 마틴 부인이 과로해서 초래되었습니다. 마틴 부인이 토론토에서 수술을 받은 후에 오릴리아로 가서 이후에 우리 중 한 명이나 둘 다 아이들과 함께 중국으로 돌아올 계획이었습니다. 오릴리아에 있는 우리의 친구들인 바커 가족과 다른 사람들의 공통된 의견은 비록 잠시 동안이라도 떨어져 있는 것에 반대합니다. 뉴펀들랜드에서 여름을 보낸 후 우리는 그녀가 토론토로 여행하는 것조차 할 수 없다고 느낀다는 점을 깨달았습니다. 이것은 우리에게 오릴리아에서 도움을 받아야 하고 거기에서 집을 임대해야 하는 어려움과 유일한 대안은 남아서 여기에서 수술을 받아야 한다는 것을 남깁니다. 마틴 부인은 한 달 전보다 더 좋지 않습니다.

그래서 우리는 1년 더 휴가를 신청해야만 합니다. 우리는 저의 대부분의 의학 서적을 포함해서 우리 소유의 모든 것을 용정에 있는 집에 남겨 두었습니다. 우리 삶의 최선을 보냈던 일터로 돌아가고자 염려하지 않는다고 생각지 말아 주십시오. 1년 안에 마틴 부인이 힘을 되찾고 현재 우리 급여로는 도저히 할 수 없었던 우리의 빚을 갚는 것을 소망합니다.

만약 알게 되신다면 연차 총회에 대한 소식을 듣게 된다면 매우 기쁠 것입니다. 한편 우리는 몇몇 노력으로 인해 용정 병원이 열리고 더 많은 의사들과 간호사들이 앞으로 오게 되길 소망합니다.

우리는 티켓을 취소하기 위해 핼리팩스로 직접 편지를 쓸 것이며 마틴 부인의 건강 악화로 지난달에 계획을 변경한 것을 유감으로 생각하며 200달러의 통행료를 반환할 것입니다.

진심으로,
스탠리 마틴

1923년 8월 29일, 오전 2시 3분

캐나다 국영 전신
전보

뉴펀들랜드 세인트존스 28

암스트롱 목사

온타리오주 토론토 컨페더레이션 라이프 빌딩 439번지

9월 1일 떠나 마틴 부인이 토론토에서 수술받은 후 모든 가족이 중국에 가기로 계획이 변경됨 다음 한 달 동안 최선을 다하고 아이들은 오릴리아에서 돌봄 오릴리아에 계획을 알려주세요 핼리팩스 오릴리아 티켓은 어디 있는지요 여기에 아직 도착하지 않았음 엑스레이는 아마도 곧 나올 예정 티켓 관련 전화주세요

마틴

1924년

1924년 5월 모일 스탠리 마틴 박사 편지 사본

토론토

온타리오주 브랜트포드
브랜트포드 지붕 회사

선생님들께,

마틴 박사의 만주 간도 지붕 주문 건

캐나다 태평양 철도는 선적을 일본 고베까지 처리합니다. 한국 청진까지 환적하려면 고베에 있는 홈 링어 컴퍼니와 협의해야 합니다.

귀하는 일본 고베에 있는 홈 링어 컴퍼니에 친절하게 편지를 써서 그들이 물품을 청진으로 보내고 고베에서 청진까지 운임은 동의한 바와 같이 귀하가 책임지시겠습니까? 청진에서 간도까지 요금은 제가 지불하겠습니다.

배송이 아직 출발하지 않았기 때문에 다음 주소로 보내주시기

바랍니다:

고베 경유 한국 청진
만주, 간도
스탠리 마틴 박사

상자 표시 건. 각각의 박스나 상자마다 주소와 번호가 있어야 합니다. 그리고 각 박스에는 저의 이니셜과 캐나다 장로교 선교부의 이니셜이 있어야 합니다. 예컨데,

스탠리 마틴
캐나다 장로교 선교부

동봉 건. 우리는 지붕 선적으로 진행하기 위해 귀하에게 책 한 박스와 벽지 두 박스를 보냅니다.

귀하에게 필요한 추가적인 정보가 있다면, 저는 15일 한국으로 배를 타고 해변으로 떠날 때 5월 8일까지 오릴리아에 있을 것입니다.

진심으로,
마틴

캐나다 세관

캐나다 토론토

가입번호 493

유한회사 디아레놀에서 인도하는 수출관세, 수입관세, 또는 소비세가 부과되지 않는 국내 생산품 및 외국 물품의 항목 및 목록.

조선 (일본) 수출용

(1) 아래와 같이 위탁합니다.

주의 - (1) 미국 항구를 통해 배송되는지 캐나다 항구에서 직접 배송되는지 명시하시오.

<table>
<tr><th rowspan="2">수취인 주소</th><th rowspan="2">박스 숫자</th><th rowspan="2">물품</th><th rowspan="2">수량</th><th colspan="2">산적 시간과 장소에서의 가치</th></tr>
<tr><th></th><th></th></tr>
<tr><td rowspan="2">캐나다 장로교 선교부
세인트엔드류스 병원

조선 일본
회령 경유 간도</td><td>1 박스</td><td>누디아레놀
0.6 그램 B240
누디아레놀
0.45 gram B240</td><td>엠플 50개
30 그램
엠플 50개

40% 미만</td><td>52.50

45.00
97.50
39.00
58.50</td><td></td></tr>
<tr><td colspan="5">우리 유한회사 디아레놀

(소유자, 선적자, 위탁자)는 상기와 같이 수출을 위해 본인이 인도하는 모든 물품의 종류, 품질, 가치 및 목적지에 대한 완전하고 진실한 진술임을 확인합니다.</td></tr>
</table>

	서명주체 유한회사 디아레놀 거주지 캐나다 토론토 (　　) 거리 243번지 날짜 1923년 (　　　) 2일 (서명) 대표 뒤편의 규정을 참조하십시오.

1926년

1926년 1월 22일

세인트앤드류스 병원
캐나다 선교부

만주 용정
한국 회령 경유

에비슨 박사님께,

집행부가 통과시킨 결의안 사본을 보내 드립니다. 우리를 세브란스에 임명할 수 있도록 요청할 수 있는 근거가 될 것입니다.

1월 19일

"맨스필드 박사가 돌아오지 않을 가능성과 현장의 의료 요구를 감안하여 우리는 선교부가 다른 의사를 즉시 임명할 것을 촉구합니다. 우리는 또한 용정의 자리가 만족스럽게 채워지는 즉시 세브란스로 옮겨서 일하고 싶다는 마틴 박사의 요구를 호의적으로 검토하고 있습니다."

고국의 선교부는 이 문제에 대하여 그들이 행동하기 전에 귀하

의 명확한 요청이 필요합니다. 귀하의 모든 문제가 너무 어렵지 않기를 바라며,

에비슨 여사님께 안부를 전합니다.

진심으로,

마틴

추신. 다음주 서울로 가서 의료 모임에 참석해 "결핵 문제 등에 대하여"를 발표합니다.

1926년 11월 5일

만주

용정

암스트롱 씨에게,

한국 연합교회 협의회에서 세브란스로 임명한 후에 우리는 오릴리아 교회 당회에 사임 편지를 보냈습니다. 하지만 이 편지가 중국에 도착하기 전에 캐나다 선교부도 우리를 세브란스에 임명했습니다. 우리는 오릴리아 교회 당회로부터 우리가 그들과 함께 머물기를 촉구한다는 편지와 전보를 받았습니다.

이러한 상황에서 그리고 오릴리아 교회나 장로교로부터 사임이 아직 받아들여지지 않았기 때문에 저희는 이적의 가능성을 고려하고 있다는 점을 귀하에게 알리기 위해 편지를 씁니다.

영 씨와 저는 그것을 현장에 가져오려고 노력했을 때, 우리는 협력이 이루어지지 못함을 유감스럽게 생각합니다.

진심으로,

스탠리 마틴

추신. 귀하는 오릴리아 교회가 여기 병원에 거액의 후원을 했다는 사실을 누구보다 잘 아실 것입니다. 귀하가 대만에서 사역을 잃었는지 의심하시는 것처럼 그분들은 한국에서의 사역을 잃었다고 뼈저리게 느끼실 것입니다.

만약 우리가 여기에서 연합 협의회 내에서 사역하면서 계속해서 오릴리아에 있는 우리의 친구들과 함께 헌신할 수 있다면 이상적일 것입니다. 하지만 아마도 그렇게 되지는 않을 것입니다.

1926년 11월 6일

세인트앤드류스 병원
캐나다 선교부

중국 용정

암스트롱 씨에게,

어제 우리 지부는 회의를 가졌고 우리는 포르네시아에 있는 블랙 박사님께 편지를 썼습니다. 저 또한 그 분이 저의 일을 이어받을 수 있기를 바라면서 편지를 쓰고 있습니다.

위니펙[1] 사람이면서 통합론주의자이기 때문에 저는 그 분이 캐나다 서부의 기후와 비슷한 이곳에서 행복할 것이라고 생각합니다. 오릴리아에서 온 전보로 인해 말 그대로 우리의 길이 혼란스럽습니다. 하지만 이에 대하여 우리는 현재 어떤 명확한 조치를 취하지 않고 있으며 7월 연차 총회에서 논의할 수 있을 때까지는 조치를 취하려고 하지 않고 만약 바꾸어야 한다면 세브란스를 위해 제공할 기회를 위원회에 주고 있습니다.

그사이 중요한 것은 이 곳에 있는 모든 선교사들이 기쁠 수 있도록 이 지부를 위해 좋은 사람을 구하는 것입니다. 어제 밤에 두 명이 살해되었고 여기에서 15시간 거리에 있는 집이 불탔습니다. 저는 강도에게 가슴에 총을 맞은 또 다른 사람의 엑스레이 사진을

1 블랙 박사가 공부했던 의과대학(마니토바)도 위니펙에 위치함.

찍었습니다.

어제 한 중국인이 우리 집에 와서 땅에 많은 절을 하면서 의례를 치렀습니다. 여기에서 마틴 부인과 저는 제2의 아버지와 어머니가 되었습니다. 이것은 수술로 심각한 질병을 치료한 것을 저희에게 감사하기 위해서입니다. 그는 기독교인이 되었습니다.

맥레이 박사님께 안부를 전하며

진심으로 스탠리 마틴

1926[2]년 12월 21일

세인트앤드류스 병원
캐나다 선교부

중국 용정

캐나다 연합 교회
해외 선교부

선생님들께,

비록 오릴리아에 있는 우리의 오랜 친구들과 장로교 위원회에서 많은 압력을 가했지만 우리는 예전처럼 한국의 연합교회 협의회의 회원으로 남기로 공식적으로 결정했습니다.

진심으로,
스탠리 마틴

---

2 원문 사진에 1921년처럼도 보이지만, 원본 복사 당시부터 잘려 나가게 보인다. 수집자의 기록을 존중하여 일단 1926년으로 간주했다.

1929년

1929년 10월 10일

세브란스 연합 의과대학
한국, 서울

캐나다 연합교회
해외선교부
암스트롱 박사 목사
토론토
서부, 퀸즈 스트리트 299번지

암스트롱 박사님께:

우리가 악성빈혈과 스프루와의 관계에 대하여 연구하고 있는 중이므로 다음과 같은 정보를 우리가 가질 수 있도록 우리를 도와주신다면 큰 힘이 될 것으로 생각합니다. 의사들의 보고서는 무엇인가요? 특별히 지금 휴가 중에 있는 푸트 박사님의 혈액 사진입니다. 토론토의 기독교 문학 사회의 본윅 씨의 상태와 혈액 사진은 어떠했습니까? 토론토의 플레처 맥페드란 박사 아래에 누가 있나요? 큰 문제가 없다면 저는 신체 상태 특별히 우리 선교부의 바커 여사와 매키넌 양이 한국에 재임명되기 전에 이들의 혈액 사진을 알고 싶습니다.

우리는 악성빈혈을 위해 사용된 동일한 조치로 완전히 치료되거나 스프루된 18명의 외국인 사례를 가지고 있습니다. 그리고 우리에게 중요한 것은 우리의 가성-스프루 사례가 더 심각한 질병인 악성빈혈로 들어가지 않는 것을 보는 것입니다. 이러한 편지들은 위에서 언급한 선교사들의 진행과 건강을 지켜보는 데 큰 도움이 될 것입니다.

안부를 전하고 암스트롱 여사님의 행복을 빌며,

진심으로,

[필기체 서명]

스탠리 마틴

1937년

1937년 11월 18일

켄터키주 윌모어

암스트롱 박사님께,

귀하의 좋은 편지에 감사드립니다. 저는 이곳의 온화한 날씨 속에서 잘 지내고 있기 때문에 봄까지는 이 곳에서 머무르는 것이 더 좋다고 생각합니다. 하지만 저는 연구 목적으로 3개의 의학 잡지를 가져가고 싶습니다. 만약 그것이 대학원 학습의 합법적인 지출이 될 수 있다면. 만약 제가 가서 [판독 불가] 지금은 토론토로 제가 선교부에 가야 합니까? 기독 청년회는 – 저희 어머니께서 급성폐렴으로 아프셔서 – 저의 누이의 집에서. 불쌍한 늙은 [판독 불가]. 저는 "평화에 대한 대화"에 지쳤습니다. 저는 이 사례 중 일부를 돕기를 희망합니다.

안부를 전하며, 진[심으로],

마틴

추신. 3개의 의학 잡지

6개월 – 15 달러~20 달러

1938년

1938년 2월 4일

켄터키 윌모어

렉싱턴

암스트롱 박사님께,

보고하기 위해 단지 몇 자 적습니다. 우리는 모두 잘 지내고 있습니다. 이 마을은 위대한 영적 활동의 하나입니다. 1주일 동안 있었던 이 곳 특별 모임에서 스토크스 박사와 제가 말한 후에 저는 150명의 새로운 해외 학생 자원자들 앞에서 말했습니다. 지난주와 지금도 그곳 학교와 교회에서 부흥이 계속되고 있습니다. 수백명이 "회심했고" 또는 "변화되었습니다." 저는 우리 집에서 학생들 소그룹 모임을 가졌습니다. 이 모든 청년들은 그리스도를 위해 나왔습니다.

저는 다음주 사우스 캐롤라이나주의 컬럼비아에 있는 서던 칼리지 학생 자원자 대회에서 3일 동안 말할 예정입니다. 중국 선교사인 푸저우의 퍼시 컬버 목사님과 저는 그의 차를 타고 중국인

고아들과 난민들을 위해 기금을 모으고 있습니다. 저는 중국에 가길 희망합니다.

친절한 안부를 전하며,
마틴

추신. 지난 일요일에는 렉싱턴의 두 개의 큰 장로교 교회에서 말했습니다. 그 중 하나에는 수백 명의 한국 학생들이 있었습니다.

1938년 3월 29일

켄터키 윌모어

암스트롱 박사님께,

토론토 베이 스트리트에 있는 미국 총영사에게 우리 선교부에서 저희에게 재정적인 지원을 하고 있다는 공식적인 문서 두 부를 작성해 주시겠습니까? 그들은 저의 비할당 미국 비자를 완료하기 위해 이 데이터를 원하고 있습니다. 복무 기간만 언급하신 3월 24일자 편지에 감사드립니다.

우리는 스콧 씨가 이렇게 빨리 떠나게 되어 유감입니다. 스콧 여사는 특별히 그녀가 한국으로 돌아갈 때 그의 동행이 필요합니다. 현재 상황을 보면 저는 선교부 회의에 참여하기 위해 토론토에 4월 25일까지 도착하도록 노력하겠습니다. 5월 한 달 동안에는 의학 공부를 하고 에드나의 졸업식과 애즈베리 칼리지에서 6월 1일에 있는 특별 모임을 위해 이 곳으로 돌아오고 싶습니다. 루스와 마가렛은 7월 휴가를 위해 이 곳으로 올 것입니다. 우리는 남은 여름을 그들과 함께 보내고 싶고 동양으로 떠나 9월 즈음에 도착할 계획입니다.

대학원 학비와 관련해서

켄터기주 윌모어 왕복 여행 경비와 토론토 병원에서 한 달 동안 공부할 수 있는 숙식비를 충당할 수 있는 충분한 금액을 집행 위원회에 요청해 주시기 바랍니다.

저는 뉴욕을 경유하여 거기에서 2주 동안 의학 공부를 할 것입니다. 여기에서 4월 6일에 떠날 것입니다.

진심으로,
스탠리 마틴

추신. 선교사님들은 제가 언제 한국으로 돌아오는 지를 알기 위해 편지를 쓰고 있는데 특별히 서울에 살고 있는 분들이 그렇습니다. 왜냐하면 그분들은 그들을 돌보고 있는 저에게 의지하고 있기 때문입니다. 외과 과장인 러들로 박사님은 인후암으로 인해 영구적으로 집으로 돌아오고 있습니다. 그의 유능한 조수 이 박사는 지금 미국에 있는데 다른 한국인 교수들과 함께 감옥에 가고 싶지 않다면 한국으로 돌아올 수 없습니다. 그의 다른 동료인 고 박사님은 사임했습니다. 그는 60세입니다. 저의 절친인 남장로교 선교부의 에런드 박사는 "독감", 신장, 심장 합병증으로 사망했습니다. C.L.S.의 윌리엄 클락 박사(남장로교 선교부)는 눈 수술을 위해 뉴욕으로 와야 했습니다. 이것들은 그렇게 좋은 뉴스 항목들이 아닙니다. 하지만 "내가 의탁한 것을 그 날까지 그가 능히 지키실 줄을 확신함이라."[1] 두 분에게 안부를 전하며

진심으로,
스탠리 마틴

---

1 디모데후서 1:12 하반절

1938년 4월 1일

켄터키주 윌모어

렉싱턴 에비뉴 220번지

암스트롱 박사님께,

버스편. 저는 4월 6일 여기에서 뉴욕으로 떠나 거기에서 몇 가지 새로운 의료 사역을 할 계획입니다. 저는 아래 주소로 보내 주시겠습니까? -

뉴욕 롱아일랜드 린브룩
아서 에비뉴 11번지

뉴욕과 토론토 사이에서 제가 사용할 성직자 증명서 한 부와 소책자 - 저는 노선에 대하여 확신이 없습니다. - 여기와 뉴욕 사이는 버스가 조금 저렴합니다. 저는 저의 오랜 친구로 한국에서 온 라이드 박사를 하루 밤 만나기 위해 신시내티에서 멈추고 싶습니다.

우리의 남부 여행 건,

저는 귀하의 고려를 위해 이상적인 전달 방법을 제안합니다. 교회 선전 임무(저는 이 단어를 좋아하지 않습니다.) 또는 인간의 관심사 등. 우리 여행은 웨스트버지니아, 버지니아, 조지아, 노스캐롤라이나, 사우스캐롤라이나 그리고 플로리다를 거쳤습니다. 우리는 다음과 같은 장비를 사용했습니다.

선교사들을 위한 사진과 영사 장비 건

1. 컬러 필름 - 코닥크롬 한 롤에 2.5 달러
   18 노출 듀페이 - 한 롤에 1.5 달러
   우리가 보여준 것

2. 영사기 - 동봉된 것과 유사한 것
   아르고스 영사기 - 선교 목적으로 사용 시 25 달러

이 필름들은 아르고스나 세니코 카메라에서 사용됩니다. 자연 유형에서는 위 35 밀리가 사용되는데 한 번에 50 피트 적재되고 비용은 3.5 달러입니다(580 노출). 이것은 엄청난 숫자의 노출입니다. 이 35밀리 필름은 표준 영화에서 사용된 것과 동일한 크기입니다. 우리는 한 롤에 180개 사진이 있습니다. (한 강의에) 한 시간 반입니다. 직경의 4분의 1보다 크지 않습니다. 저는 집게손가락과 엄지손가락을 움직여 그림을 넘기면서 말할 수 있습니다. 영사기와 필름 무게는 대략 4 파운드입니다.

3. 우리는 롤 블라인드 가로 8인치 세로 6인치 형태의 구슬 유리 스크린을 사용했습니다. 귀하는 각 사진에 시간을 할애할 수 있습니다. 아니면 먼저 강의할 수도 있습니다. 저는 카메라를 가

지고 있습니다. 만약 선교부가 원한다면 스크린과 영사기는 35 달러에 구할 수 있습니다. 특별히 50 달러를 절약한 것입니다.

장점들은 다음과 같습니다.

운반이 용이합니다. 스크린을 올리거나 내릴 수 있습니다. 사진 영사기나 카메라처럼 공간을 차지하지 않습니다. 필름은 쉽게 우편으로 보내거나 빌릴 수 있습니다. 선교부는 수백 개의 롤을 작은 공간에 두어 필름을 연구적으로 보관할 수 있습니다. 가로 2인치 세로 2인치 작은 슬라이드로 두는 것이 현명합니다. 영사기는 100 와트 램프를 사용하고 25 달러로 비싸지 않습니다. 우리는 플로리다에서 가장 좋은 교회에 들어갔습니다. 모두 첫 번째 장로교회와 감리교회입니다. 우리는 6주 동안 600 달러를 받았습니다. 제 친구 플리머스의 차를 타고 여행했습니다. 음식을 매일 75리터로 제한했습니다. 우리는 4,500 마일을 90 달러로 여행했습니다. 차량 유지 - 기름 - 연료 - 타이어 등등. 컬버 씨는 저를 친절하게 대해 주었습니다. 저는 단순히 영화 기계에서 작동하는 프레젠테이션에 대하여 말하였고 해변에서 일광욕을 했습니다. 그가 말할 수 있는 기회를 만들어 주었기 때문에 우리의 시간과 사역은 굶주림에 처해있는 중국 고아들과 아이들을 위한 기금을 늘이기 위해 주어졌습니다. 1938년 1월에 상하이 지역에서 10,000명의 사람이 죽었는데, 7,000명이 아이들이었습니다.

이사회에서 뵙기를 바랍니다.

[안부를 전하며],

스탠리 마틴

추신. 한 달 정도 머무를 방을 얻을 수 있다면 기쁘겠습니다. 저의 누이의 집은 비좁습니다. 어머니가 거기에 계십니다. 그녀는 하루 1 달러를 요청합니다. 저는 서부에 있을 수도 있습니다. 결핵에 걸린 아들은 많이 좋아졌습니다. 스콧 여사는 저와 아들들을 데려갈 지도 모르겠습니다.[2]

---

2 편지 맨 앞부분에 기록된 내용이지만 형식이나 내용상 추신 부분이라 이 곳으로 이동시킴(역자 주).

1938년 7월 25일

켄터키주 윌모어

렉싱턴 에비뉴 220번지

암스트롱 박사님께,

저는 최근에 뉴욕시를 방문하고 있으며 북장로교 선교부와 남감리교 선교부 지도부 몇몇을 만났습니다. 귀하도 아시듯이 한국 상황은 정말 혼란스럽습니다. 시버 박사의 자리를 대신하고 있는 후퍼 씨는 북장로교 선교부가 세브란스 연합의학교에서 철수할 것으로 생각하고 있습니다. 그것이 우리 선교 세브란스 연합의학교와의 관계에 어떤 영향을 미칠지 궁금합니다. 어찌 되었든 저희가 심각한 신경 압박을 받고 있어서 건강 상의 이유로 휴식을 몇 달 간 연장하는 것이 가능할 지 궁금합니다.

안부를 전하며,
[진심으로,]
스탠리 마틴

추신. 후퍼 씨는 북장로교 선교부 선교 결과는 전보가 아니라 (귀환 선교사 편에) 특별히 전달될 것으로 생각하고 있습니다.[3]

---

3 편지 맨 상단에 위치하지만 내용상 추신으로 보아야 함(역자 주).

1938년 9월 28일

뉴욕주
롱아일랜드
린브룩
아서 에비뉴 11번지

암스트롱 박사님께,

이 위기의 시기에 우리는 우리의 친구들을 생각하고 귀하와 귀하의 해외 선교부 동료들을 위해 기도합니다. 동양에서 가장 친한 친구 중 한 명이자 우리가 한국에 도착한 때인 1916년 2월 우리에게 첫 번째로 인사했던 돈의 별세 소식을 접하고 우리는 얼마나 슬펐는지 모릅니다. 몇 년 전에 그에게 안면 마비가 왔을 때 제가 진찰했습니다. 맥라렌 박사와 저는 그 당시 뇌병변을 의심했는데 의심의 여지없이 그랬을 것입니다. 이런 것들은 가족 중에서 일어납니다. 저는 이런 사례를 하나 가지고 있습니다. 환자의 나이는 26세였습니다. 귀하도 아시듯이 일본은 현재의 위기에서 분명 독일과 연결되어 있습니다. 심지어 지금 홍콩에 대한 위협이 있습니다. 영국이 전쟁을 선포할 경우 해외 선교부와 영국 영사가 어떤 정책을 취할 지 궁금합니다. 1915년 우리는 캐나다에서 오스트리아인들을 인턴으로 삼았고 그후 독일과 동맹을 맺었습니다. 우리는 "마음이 찢어진 한국인들을 묶고" 결핵에 걸린 새 레지던트를 돕기 위해 한국으로 돌아가려는 계획에 기쁩니다. 전쟁으로 인해

지체될 경우 우리는 아이들을 여기에 남겨 두는 것을 선호합니다. 암스트롱 여사와 "포브스'에 안부와 사랑을 전합니다.

진심으로,

스탠리 마틴

세브란스 연합의학교
한국, 서울

암스트롱 박사님께,

모두 안녕하십니까! 여기는 모든 것이 잘 되고 있습니다. 일들과 기회들이 많아 우리는 매우 기쁩니다. 우리의 사역과 학교를 돕는 이야기 하나를 동봉합니다. [판독 불가] 학교와 세브란스 연합의학교는 아주 잘 하고 있습니다. 제가 본 24년 동안 영적으로 최고로 빛나고 재정적으로도 좋습니다.

이것을 '전망'에 넣어 주시기 바랍니다. [윌슨]은 제 친구입니다.

축하하며,

스탠리 마틴

추신. 선교부 모든 분들에게 안부를 전합니다.[4]

4 이 부분은 편지 맨 상단에 위치하지만 내용상 추신으로 보아야 함(역자 주).

세브란스 연합의학교
한국, 서울

암스트롱 박사님께,

우리는 에비슨 박사님이 이곳을 방문하여 정말 기뻤습니다. 그는 우리 예배당에서 말했고 우리의 많은 사역을 보았고 B. 과정을 잘 이해하고 있는 최고의 사람들 몇 명을 만났습니다. 제가 이렇게 밝고 기뻤던 적은 없었습니다. 지금까지 일본인들은 저희들을 잘 대하고 있습니다. 그러나 동양의 국제 문제에서는 언제나 '불꽃'이 일어날 수 있습니다. 그들의 정기선과 해상 운송을 호송하던 영국과 프랑스가 중국 해안을 따라 군함을 호송하고 있습니다. 우리에게 장파 라디오만 허용되고 있습니다. 리더스다이제스트와 같은 잡지들의 모든 기사와 페이지들은 제거되어 있습니다. 대부분의 [-] 단어 목록들은 심하게 절단되어 있습니다. 몇몇 사람들은 우편으로 보낼 수 없다고 생각합니다.

1940년

1940년 4월 21일

세브란스 연합의학교
한국, 서울

암스트롱 박사님께,

검열 등으로 우리의 일을 교회 신문과 사람들에게 알리는 것이 어렵다는 것을 알게 해 주십시오. 퀸즈의 나의 오랜 친구인 월리스 "옵저버"에게 우리가 교회 신문을 받지 않았다고 알려 주십시오. 우리는 경찰 검열관으로부터 두 번의 "금지" 통지를 받았습니다. 저는 1년 동안 세 부를 받았습니다. 말하기 이상하지만 만주국은 다릅니다. 그들은 무엇이든지 허용합니다. 우리의 모든 리더스다이제스트, 타임, 라이프 (가져가는 사람들을 위해) 그리고 모든 잡지들은 한꺼번에 3-4 페이지가 제거되었습니다. 많은 책들이 금지되었습니다. (옥스포드 단체) 도덕재무장은 일본에서 강해지고 있습니다. 여기에서 모임을 위해 자작과 다른 지도자들이 있습니다.

훌륭한 영적 빛이 모든 선교 단체에 퍼지고 있습니다. 전국에 부흥이 일어나고 있습니다.

세브란스가 강해지고 있습니다. 저는 임상의학 3학년과 4학년 학생들(선배들)을 가르치고 있습니다. 특별 "설교"와 다른 것들을 우리의 아침 예배에서 행하고 있습니다. 대학에 대한 압력은 거의 없습니다. 저는 일본어를 공부하고 사용하고 있습니다. 하지만 저는 전도자들에게 그것이 많이 필요한지는 의문입니다. 넌 씨 부부는 일에 큰 도움이 됩니다. 그들은 훌륭한 기독교인들입니다.

우리는 결핵 사례에서 활동을 찾는 새로운 방법을 발견해서 사용하고 있습니다. 그것은 아메리칸 리뷰 오브 결핵에 연재중입니다. 우리의 결핵 소책자 28,000권이 두 달 만에 팔렸습니다.

만약 귀하가 팔코너 박사나 의료 위원회 임원 중 누구라도 만난다면 그들에게 야간전화를 포함해서 의료 치료, 교육 등을 전업으로 하고 있다고 말해 주십시오. 저와 병원은 구내에 집이 있는 것이 매우 편합니다.

"돈에 대한 사랑"에는 세금을 얻을 수 없습니다. 새 차에 대한 허가가 나지 않습니다. 우리가 가져오지 않는 게 좋습니다. 거리는 차들로 붐빕니다. 빈곤이 많습니다. 거지 6명이 죽었는데 4일 동안 거리에 남겨졌습니다. 하늘에서 눈이 내려 덮였을 뿐입니다.

저는 남쪽으로 내려가 친구 윌슨의 집에서 나환자 집단의 결핵 사례들을 조사하고 있습니다. 비록 그들이 나병의 흔적을 찾지 못했지만 20여 사람들이 "나환자들의 천국"으로 들어가려고 했습니다. 그들은 밖에서 먹을 것도 살 곳도 할 일도 없는 것보다 안에서 나환자로 사는 것을 더 좋아합니다.

조만간 비가 내리지 않는다면 한국 전역에서 폭동이 있을 것입니다. 최고의 쌀들은 징발되어 일본과 일본 군인들에게 보내졌습니다. 열등한 품질은 랑군에서 수입되었습니다. 우리집 요리하는 하인 과부는 1주일에 두 번을 다른 500명의 사람들과 함께 6시간 동안 줄을 서서 보리 열 움큼을 얻었습니다. 처음에는 쌀, 옥수수, 보리 그리고 쌀과 보리, 지금은 보리뿐입니다. 다른 사람들과 함께 외국인들은 쌀 한 파운드를 받으려면 표를 받아야 합니다. 모든 진짜 금 제품들은 우리가 포기해야 합니다. 숙녀들은 결혼 반지를 보관하는 허락을 받으려면 미리 요청하라는 명령을 영국 영사로부터 받았습니다. 우리 병원에서는 퀴닌, 아스피린, 요드를 얻을 수 없습니다. 어떤 종류의 외국 약도 없습니다. 우리는 종이 드레싱과 종이 붕대를 사용하고 있습니다. 아편이나 토데인 금지. 모르핀 극소량 (특별 허가). 그러나 일본인들은 수천 톤의 아편 부산물로 중국 해안 도시 전체를 타락시키고 있습니다.

여기에서 약은 우리가 대체하고 대체해야 하기 때문에 매우 어렵습니다. 수술할 때 우리는 에테르나 클로로포름을 얻을 수 없고 대부분 척추 마취에 사용하고 있습니다. 모든 보도에 따르면 중국은 미국에 느리지만 확실하게 5년 동안 상환해야 하는 2,500,000달러의 대출금을 3년 안에 갚았고 다른 대출을 받았습니다.

사랑의 아버지께서는 우리를 돌보고 계시고 우리는 한국 백성들과 함께 약간의 고통을 받는 특권을 누리고 있습니다. 우리는 블랙 박사를 그리워하지만 그와 그의 가족은 그분의 왕국이 '해외'로 퍼져 나가는데 확실하게 기여했습니다.

크랜스턴[1] 양과 귀하의 좋은 부인께 안부를 전합니다.

진심으로,

스탠리 마틴

추신. 블렉 박사와 함께 가려고 서두르고 있습니다. 그분은 친절하게도 이 편지를 가져가고 있습니다.[2]

1 편지 원문에는 C만 나와 있음.

2 이 부분은 편지 맨 상단에 위치하지만 내용상 추신으로 보아야 함(역자 주).

1940년 11월 3일

세브란스 연합의학교
한국, 서울

(조선) 경성

암스트롱 박사님께,

귀하는 전보로 우리가 병가로 '귀국'한다는 소식을 들으셨습니다. 제가 보통 '위기' 상황을 즐기듯이 우리는 지금 떠나는 것을 싫어합니다. 하지만 몸이 영과 일치하지 않습니다. 저는 마지막 (2시간 반) 강의를 위해 가까운 병원을 겨우 걸어갔습니다. 저는 "하나님께서 여러분을 항상 그분의 은혜 가운데 지켜 주시기를 소망합니다."라고 마치면서 저의 최선을 그들에게 주었습니다. 100명의 학생들인 그 청년들은 일어서서 절하고 박수를 치고 저와 악수를 했고 그들의 눈에서는 눈물이 흘러내렸습니다. 저는 계단으로 걸어 다니는 것이 힘들다는 것을 알게 되었습니다. 저는 이후에 침대에 누워 있었고 (이틀 동안) 죄송하지만 가슴 통증과 불편함으로 교회에 갈 수 없었습니다.

연중 이맘 때 북부 노선이 매우 나쁘고 우리 둘째 막내 딸 필리스가 지난 몇 달 동안 [열]이 유지되고 있어서 남부 노선으로 갈 계획입니다. 마틴 부인과 필리스는 외과적 치료를 위해 켄터키주를 거쳐 보스턴으로 갈 것입니다. (머리 수술입니다) 베티와 계속

가서 에드나와 마가렛이 졸업을 위해 봄까지 있는 켄터키주 남부로 갈 것입니다.

저는 가능한 추위를 피하고 싶습니다. 머레이 박사가 저에게 의료 보고서 (사본)을 보내 주었습니다. 저는 심장 엑스레이 사진 원본을 가지고 있습니다. 팔코너 박사와 의료 이사회는 저의 상태를 알고 있습니다.

우리 생각에 할 수 있는 유일한 것은 봄까지 완전히 쉬고 어떤 개선이 있는지를 살피는 것입니다. 저는 캐나다 국경을 넘는 것을 고려할 힘이 없습니다. 만약 제가 켄터키에 도달한다면 운이 좋은 것입니다. 저는 만 25년을 마쳤고 우리가 나올 때 탔던 배와 같은 이름의 배, 즉 "가마쿠나"호를 타고 돌아갈 것입니다. 우리는 이곳 제물포에서 미국 정부의 피난선을 타고 올 수 있었습니다. 하지만 너무나 붐비었고 수하물 등이 제한적이었습니다. 그래서 세상 끝까지 그분의 임재가 우리와 함께한다는 것을 알고 천천히 그리고 조용히 가고 있습니다.

저희 두 사람이 안부를 전합니다.

진심으로,

스탠리 마틴

1940년 (마감 샌프란시스코 11월 30일)
11월 28일

에스 에스 마리포사호 선상에서

암스트롱 박사님께,

한국을 빠져나오는 것은 어려웠고 일본 배는 안전하지 않았기 때문에 우리는 이 대형 "피난선"을 타고 (서울) 제물포항에서 직접 떠나는 허락을 받았습니다. 우리는 350명의 선교사들과 함께 관광객 클래스로 여행하기로 했습니다. (미 적십자가 간호사이면서) 세브란스 수간호사 중 한 명인 로렌스 양은 요코하마에 있는 일본 배에서 경찰에 의해 이송되어 누구와도 이야기할 수 없는 상태로 서울로 보내졌고 그녀는 지금 감옥에 있습니다. (책임은 공산주의입니다!)

우리는 이 배에서 영감을 주는 많은 모임과 회의를 가졌습니다. 거기에서 선교사들의 문제들 그리고 그들의 시련들과 박해들에 관한 진술들을 들었습니다. 본토인 대표 가운데 있는 신실함에 대해 그리고 전능하신 하나님의 기적 같은 보호가 전체적으로 퍼져 있다고 들었습니다.

저는 극동에서 활동하는 모든 선교부 대표들이 작성한 성명서 사본을 동봉합니다. 우리 호주 장로교의 맥라렌 박사의 편지와 (가능하다면) 대한 감리교 총독의 성명서 (그는 경찰과 정부의 압력으로 전적으로 그 스스로 최초로 타협한 사람입니다.)

이러한 전쟁 시기에는 미국에서 캐나다로 혹은 반대로 지나가는 것이 어렵기 때문에 그리고 한국에서 의사들의 지시로 온화한 기후에서 즉시 휴식해야 하는 머리로 인해 저는 켄터키주로 가는 길에 테네시주 네쉬빌에 있는 남장로교 선교부의 의료 자문인 브러시 박사로부터 전체적인 건강 검진을 받았습니다. 이 선교부의 로저스 박사와 보그스 박사는 저를 검사했습니다. 특별히 보그스 박사는 마음이 아주 좋은 사람입니다.

마지막에 저를 검사한 머레이 박사는 우리 선교부 의료 위원회가 인정하는 선교부 의사로부터 우리 선교부를 위한 보고서를 받으라고 충고했고 저에게 브러시 의사를 만나보라고 조언했습니다. 브러시 박사는 저에게 에드나와 마가렛이 에즈베리 칼리지를 졸업하는 봄까지 켄터키주에서 따라야 할 전체 치료 과정을 주었습니다. 친절하게 서울에 온 한국의 스미스 박사도 심전도 보고서를 보낼 것입니다. 팔코너 박사가 캐나다에 있는 저의 상세한 의료 기록 전부를 가지고 있습니다.

한국을 떠나기 바로 직전에 저는 스스로 옷을 입을 수도 없었습니다. 이 배에서 휴식한 후에 그리고 특별히 디기탈린과 니트로글리세린을 복용한 후에 저는 기분이 더 좋아졌습니다.

"마리포사"호 선언문 두 부를 만들어서 저에게 보내 주시기 바랍니다. 저는 저의 유일한 사본을 귀하에게 보냄으로써 저의 선교사역의 최근 '뉴스'를 드립니다. 오늘(11월 29일) 방금 받은 무선에 따르면 한 영국 선교사가 일본군에 의해 7년 감옥형을 선고받았다. 성경 공부 시간에 공산주의를 가르쳤다고 말합니다! (일본은 지금 비-공격적인 반죽을 공산주의 러시아로 만들기 위해 최선을 다하고 있습니다.) 한국 친구들과 선교 소식을 계속 알려 주십시오. 그리고 "옵저버"지를 켄터키주 윌모어에 있는 에즈베리 칼리지에 있는 에드나 마틴에게 보내 주십시오. 비용은 급여에서 제합니다.

고마움과 안부를 전하며,
진심으로,
스탠리 마틴

1940년 12월 4일

테네시주 네쉬빌

암스트롱 박사님께,

엑스레이 필름, 혈액 배양, 심전도 검사를 포함하여 이틀 동안 진행된 건강 검진을 방금 마쳤습니다. 남장로교 검사관인 브러시 박사는 매우 정중했고 어떤 검사료도 받지 않았고 어떤 청구서도 보내지 않았습니다. 하지만 귀하를 통해 우리 의료 위원회에 기꺼이 전체 보고서를 보낼 것입니다. 예전 기록과 새 기록을 비교할 수 있는 팔코너 박사님에 대한 특별한 관심과 함께 브러시 박사는 저에게 시간을 잡기를 원하셨고 봄에 다시 검사를 제안했습니다. 저는 지금 4개월 동안 완전한 휴식을 취하고 그 후에 점차 조절된 운동을 늘여야 합니다.

한국에 대해 오랫동안 친근하게 이야기를 나누었던 풀턴 박사님이 주신 팜플렛을 동봉합니다. 그는 그동안 제가 그들의 선교를 위해 한 것에 대해 감사를 표했습니다. 그는 [판독 불가] 초안을 작성했고 우리를 위해 저렴하고 좋은 호텔을 준비했습니다. 귀하가 편지를 쓸 때 브러시 박사님께 감사를 표해 주시기 바랍니다.

이제 막 켄터키주 윌모어로 출발하려고 합니다.

친애하는,

스탠리 마틴

1940년 12월 9일

친애하는 암스트롱 박사님께,

긴 여행으로 저는 피곤합니다. 하지만 귀하가 저를 아주 많이 염려하여 요코하마로 보낸 편지가 도착했습니다. 귀하는 제가 한국으로 돌아갈 계획이 없는 것으로 생각하신 것 같습니다. 그렇지 않습니다. 우리는 제가 전에 그랬던 것처럼 여기 가족 곁에서 그리고 온화한 기후에서 휴식을 취하고 브러시 박사의 치료 개요에 따른 후에 제가 몹시도 사랑하는 우리의 선교지에서 일하기 위해 돌아갈 것입니다. 저는 토론토에 있는 의료 위원회가 브러시 박사의 보고서를 본 후에 조언해 주신다면 기쁠 것입니다. 브러시 박사님이 저에게 조언했듯이 제가 최소한 6개월 동안 휴식을 취하고 같은 기계와 같은 사람이 한 심전도를 비교하는 것이 좋기 때문에 가능하다면 그와 함께 다시 검사를 하기 전까지는 제가 하거나 지금 계획할 수 있는 일이 아무것도 없습니다.

실제적인 휴식을 위해 현재를 위해 실제 재정적인 염려가 없다면 감사하겠습니다. 귀하는 함흥에서 있었던 선교 회의의 집행부 회의록의 2 구절인 '집행부 요구사항'에 주목하실 것입니다. 우리가 치료받아야 할 심각한 질병 때문입니다. 그것을 찾아보시기 바랍니다. 우리 모두가 포장을 푼 것은 아닙니다. 오늘 방금 도착했습니다.

우리의 일을 한국에서 할 수 없을 경우에 캐나다에서 결핵 일을 할 수 있다면 저는 기쁠 것입니다. 그래서 귀하가 말했던 결핵 요양원과 어떤 연락이든지 유지해 주시기 바랍니다. 저는 영국 면허증을 가지고 있는데 그것과 100 달러로 온타리오주 면허증을 받을 수 있습니다. 결핵 일은 제가 잘해야 한다고 생각하는 것이며 저는 그와 관련된 모든 자격증을 가지고 있고 계속 읽을 것입니다. 캐나다 의학 저널은 무료로 오고 있고 더 많은 의학 문헌을 감당할 수 있기를 희망합니다. 우리가 우리의 선교를 떠나야 한다고 생각하지 마시고 우리를 위해 우리 모두가 길이 열리는 대로 우리의 본분으로 돌아가도록 기도해 주시기 바랍니다.

이 마을에는 많은 장로교인들과 한국과 다른 나라에서 온 선교사 가족들이 있습니다. 옆 집은 한국에 있었던 북장로교 선교사인 코엔 목사입니다. 애즈베리에는 "휘턴"을 제외하고 아주 많은 선교사 자녀들이 있습니다. 우리는 성직자 증명서를 사용할 필요가 없습니다. 우리 모두 여행사에 의해 정비되었기 때문입니다. 우리가 토요일 오전이나 토요일 오후에 도착했을 때 우리가 N.Y.K와 연락하는 것은 불가능했습니다.

필리스는 지난 3월부터 성홍열이 있어 좋지 않습니다. 부비동 수술을 받을 수도 있습니다. 로렌스 양이 풀려났다는 소식을 들어 기쁩니다. 중국 북부 칼건(Kalgan)에 있는 어느 영국인 벤슨 씨는 7년 동안 난방이 없는 만주 감옥에 있습니다.

제가 약간 좋아진다면 교회 신문에 글을 쓸 것입니다.

'옵저버'지가 올 것이라는 소식에 기쁩니다. 저희는 아직 주소가 없는데 마틴 부인이 집을 찾고 있습니다. 에즈베리는 선교사 자녀가 그들의 부모와 같은 마을에서 살 경우에 수업료를 1/2 면제해 주기 때문에 이것은 중요합니다. 이 곳의 잔디는 초록이고 저는 '애즈베리'의 교수인 캐나다 친구의 집 현관에 앉아 있습니다.

우리의 기쁨을 위해 메리 토마스와 그녀의 좋은 어머니는 렉싱턴에서 토요일과 오늘 우리를 만났습니다. 여기에서 우리는 지부 모임을 가졌고 모든 선교 사역들과 미래에 대하여 이야기했습니다. 토마스 여사는 [판독 불가]합니다. 그녀는 다른 어떤 위대한 기독교인 이상입니다. 그녀는 더 나은 반쪽을 잃었습니다. 존 토마스 목사는 플로리다에 있는 묘비에 "진리를 위한 용기"를 새겼습니다. 그는 훌륭한 영국 성자였습니다. 웨일즈는 몇몇 위대한 사람을 배출했습니다. 메리는 캐나다에서 오고 가는 것이 얼마나 힘이 드는지 저에게 말했습니다. 그녀는 비록 우리 모두가 그런 것처럼 한국인들을 그리워하지만 그녀의 어머니를 돕기 위해 최선을 다하고 있습니다. '피곤한 손'으로 쓴 이 뒤죽박죽한 편지를 용서하시기 바랍니다. 하지만 그것은 여전히 '영국적'이며 만약 의사들이 한국에서 저의 일을 끝마치도록 돌아가는 것을 허락한다면 나중에 토론토에서 귀하의 손을 잡을 것입니다.

아늡 박사와 크렌스턴 양의 안부를 저희 둘이 전합니다.

진심으로,

스탠리 마틴

1940년 12월 28일

노스 월넛 스트리트 303번지

암스트롱 박사님께,

한국에서 있었던 우리 사역에 관한 몇 가지 사안들. 평양 바로 북쪽의 순천 지부 숙녀 중 한 명으로부터 온 동봉한 편지에 주목해 주시기 바랍니다. 저에게 다시 돌아왔었습니다. 함흥 병원의 의료 감독관으로 활동했던 고 박사님은 매우 잘했습니다. 수입 등도 늘었습니다. 신실한 기독교인인데 지금은 세브란스 외과의사입니다. 머레이 박사와 우리 경영진은 모든 선교사들이 떠나야 하는 경우에 그가 함흥 병원을 '인수'하려고 노력하고 있습니다. 저는 고 박사와 수차례 긴 대화를 나누었습니다. 그는 말하기를 제가 선교부로부터 감독관으로 임명되고 선교사들이 떠난다면 제가 "제5열"의 '스파이'로 간주되어 선교부의 재산을 보유하고 있는 중개인으로 체포된다는 것입니다. 또한 만약 아카데미나 여자고등학교(매키천)로 떠나는 것처럼 지역 이사회가 병원을 운영하도록 임명된다면 의료나 병원 문제와 같은 일을 하지 않기 때문에 매우 어려울 거라고 말합니다. 그는 만약 선교사들과 머레이 박사가 돌아온다면 그들이 (병원을) 관리하고 머레이 박사는 현재 가지고 있는 권한을 갖는다는 '신사' 협정과 함께 그에게 매각하라고 제안합니다. 저는 머레이 박사는 고 박사가 감독관으로 계속하길 원한다고 생각합니다.

저는 위에서 언급했듯이 귀하가 풀턴 박사에게 보낸 편지 사본을 보았습니다. 저는 남장로회 선교부는 그들의 자산을 현지 교회에 넘기지 않았습니다. 건물들은 갑판 위에 올려졌습니다. 하인들과 남성들이 거기에 살면서 그것을 지키기 위해서는 돈을 지불해야 합니다. 일본에서는 선교부가 그 나라를 떠날 때에 (예로 영국 성공회) 모든 그들의 재산을 현지 교회에 넘겼습니다. 우리 자신의 선교에서 만약 가능하다면 우리는 우리의 사역을 현재 교회가 수행하도록 노력해야 한다고 생각합니다. 기독교 교사들 의사들이 선교사들이 떠난 자리에서 그들의 생각을 가지고. 고 박사는 제가 돌아간다면 함흥에서 의료 특별히 결핵 일을 하는 것을 바라고 있습니다. 우리는 세브란스에서 아주 좋은 시간을 보냈었습니다. 우리는 독재자들이 패배하고 정의 등이 다시 만연하기를 기독하고 신뢰하고 소망합니다.

진심으로, 스탠리 마틴

추신. 제가 서울에서 그들을 본다면 귀하에게 다시 쓰겠습니다.[3]

---

3 이 부분은 편지 맨 상단에 위치하지만 내용상 추신으로 보아야 함(역자 주).

1941년

1941년 1월 11일

켄터키주 윌모어

노스 월넛 스트리트 303번지

암스트롱 박사님께,

귀하의 9일자 편지에 감사드립니다. 우리의 이 곳 임대료는 코인 가족이나 다른 선교사들과 동일하게 한 달에 50 달러입니다.

결핵의 초기 도식에 대한 논문이 감사하게도 몬트리올에 있는 캐나다 의학 저널에 출간되기로 받아들여졌습니다. 방금 편집자로부터 초기 결핵의 260 사례에 대한 연구 결과 편지를 받았습니다.

영국인들을 위한 [방송이] 렉싱턴에서 강합니다. 저희 딸들은 켄터키주에 있습니다.

진심으로,

마틴

1941년 1월 22일

켄터키주 윌모어

노스 월넛 스트리트 303번지

암스트롱 박사님께,

여기 있는 모두 잘 지내고 있습니다. E. 스탠리가 애즈베리 칼리지에 가서 그리스도를 "강제로" 십자가에 못 박았다면, 힘은 첫날과 둘째날까지는 지속될 것이지만 셋째날에는 안 됩니다!!! 그것은 하나님 때문에 스스로 부서질 것입니다. 그 외 부활도. 저는 그의 말을 듣기 위해 루이스빌에도 있었고 주립 의료 대학에도 초대손님으로 있었습니다. 많은 교회와 클럽 등에서 연설해 달라고 요청했지만 모두 거절했습니다. 저는 휴식을 취하고 있고 결핵에 대해 많은 것과 그리고 다른 의료 문헌을 읽고 있습니다. 라디오에서 영국 정부는 영국인들에게 일본을 떠나라고 요청하고 있고 여기 신문에서도 그렇습니다. 반면에 이곳 선교에서는 상황이 좋아지고 있고 일본인들은 일부 선교사들이 한국과 일본으로 돌아오기를 원한다고 말합니다. 저는 경성 총독부의 오다 씨에게 제 환자 중 한 명으로 결핵에 걸렸던 그의 딸 에미 고의 안부를 묻고 그가 우리를 위해 했고 또 우리와 우리 선교를 위해 하고 있는 것에 대하여 감사의 편지를 쓰고 있습니다. 우리의 임대료와 임금이 빨리 나오기를 바랍니다.

안부를 전합니다.

진심으로, 스탠리 마틴

추신. 가능하다면 [---]과 에비슨의 주소를 보내 주십시오. 고맙습니다.
스탠리 마틴

원문

1916

June 15, 1916

Lungchingtsun

Kanto via Kainei
Manchuria
Korea Japan
China

Dear Dr. Mackay,

I beg to let you know of a little of our work out here. Patients treated since our arrival here four months. June 15th from Feb 15th were 2,885 (1/3 Chinese)

Operations under anesthetic: 21
Including abdominal work
(Done with the pocket set of instruments bought from money [illegible] through Dr. Scott. Toronto)

360 visits have been made to sick outside of the compound, &

an epidemic of [illegible] reported by Mr. Barker, 200 li to the north amongst Christians was controlled (20 of the 100 sick died).

Medical itinerary has also been carried out in connection with Mr. Barker's Evangelistic work amongst some of the Christian groups. Enclosed note few snaps. Very kindest regards to Dr. Scott & yourself.

Very Sincerely yours,
S.H. Martin

P.S. We want an equipped hospital soon as possible. We can easily have a 100 patients a day.

S.H.M.

God has been exceptionally good to us as the foundation of our small dispensary has now complete.

September 2, 1916

Lungchingtsun

Kanto via Kainei
Manchuria
Chosun

Japan

Dear Mr. Armstrong,

A short note to say we are all well. Mr. & Mrs. Barker have not returned from Annual Meeting as yet so we are alone on the station.

Our dispensary building was finished & plastered, but a typhoon blew all the roofing off yesterday & today's rain brought all the plaster down. I've heard of captains being fond of their ships, but no one was more interested in a building so much I have been in the building of this one.

Every day at 2 pm we hold services in this building for the heathen. & I don't know of any services I enjoy more. We have had about 60 operations so far & seeing 40-50 patients daily.

It seems a pity to see 4 fine looking gray black buildings out here & only 2 occupied & where the Barkers go only ours will be occupied. I hope this war shall soon be over; for while medical work is needed, theres a greater need of more ministers & single ladies. This sector of the work here is just longing for helpers - the phrase "White unto the harvest" doesn't express it strongly. Now is the time to work this great are of 500,000 people.

I have a Korean assistant now who takes care of the clinic & gives me the time to study the language every morning. One naturally longs for a white Dr. as a friend & some one to talk over serious cases with but while there's only three Drs. In the field, it's a sin to look forward to anyone coming away up here to work.

This country is like Labrador except you don't get the pleasure of the sea.

All the crops have been blighted this year because of drought, and now the rain has come, I fear too late, as most things are lying down. This whole area is a big farming area.

It's interesting to see new patients in church for the first time, and to hear reports of serious cases becoming quite well.

Mr. & Mrs. Barker are both very heavily worked & I intend to put Mrs. Barker on regular [homes] for work & rest. The rest of us are happy since we are all busy.

Best respects to you and Dr. Mackay & Dr. Scott.

December 27, 1916

CANADIAN PRESBYTERIAN HOSPITAL

Sincerely,

S.H. Martin

KANTO

S. HAVILAND MARTIN. MB. - MANCHURIA -

VIA KAINAI

KOREA (JAPAN)

Dear Mr. Armstrong,

I am in receipt of your letter of Nov. 10th & have noted the fact that Dr. Menzies is to communicate with me re. medical needs of the field here.

I shall endeavor to do what I can to help along this good plan.

We have treated 7,700 patients in our nine months of work here (When I was at Annual Meeting the work had to be closed for a month and a half) 120 operations under anesthetic.

We were discussing tonight the advisability of continuing medical work here - as only $250 was given for it in 1916 & only the Korean DR's salary granted for 1917.

Needs

In our small dispensary last month we had a bad typhoid case in our men's' waiting room. Two eye operative cases were in our women's waiting room - six other cases, mostly Chinese in a room 8 x 12 feet. (very bad medical treatment) & besides this, 3 patients in one of our servant houses on the compound. We want somewhere to put patients after operation.

We have had & expect to have some seven obstetrical cases amongst missionaries & their servants. There is no equipment for them in case of emergency. This is not fair to young missionaries coming to the field, or to other women out here who need this help. This dispensary here is without any accommodation for in-patients, has never been equipped or granted running expenses.

My language was interrupted in the first half of the year with urgent cases. (a young new Dr. should be put with another M.D, a senior member in first year & so have no medical responsibility) Now however with the Korean Dr's aid, the proper amount of time is being put on the language & I expect to write my first exams very soon with the other.

We are discouraged this Xmas that we are not getting our hospital but are hoping to get a temporary place built to house patients after operation - The work here must go on now or stop - In the church trouble here & in the usual way the hospital is providing its great worth to the whole community.

With regards to Dr. Mackay,

Sincerely yours,

S.H. Martin

1917

January 29, 1917

CANADIAN PRESBYTERIAN HOSPITAL
MANCHURIA

KANTO
VIA KAINAI
KOREA (JAPAN)

S. HAVILAND MARTIN. MB.

Dear Mr. Armstrong,

I am in receipt of your letter of Nov. 14th '16. - & thank you very much for your goodness in sending me my lantern by Mr. Ross, it shall be useful in my classes which I now have in Hygiene, Physiology & training of my assistants.

Because of not knowing whether we are to continue medical work here - seeing there are no running expenses, I have discharged all workers except the native Dr. & two nurses. The latter only cost us $ 2 a month. It will depend on what the Board does whether we continue [med.] work here, as we are now using up the last of our drugs.

Best regards to all,

Sincerely yours,

S.H. Martin

February 6, 1917

CANADIAN PRESBYTERIAN HOSPITAL
MANCHURIA

KANTO
VIA KAINAI
KOREA (JAPAN)

S. HAVILAND MARTIN. MB.

The Presbyterian Board
Toronto

Dear Sirs,

Since there will be a letter coming to you shortly regarding this hospital, I would like to let you know a few facts about this work here. I left Canada in 1915 after giving up a very useful position in the army medical service to come here to do med. mission work. I was told I would receive medical equipment on the field. When I arrived here there were no drugs or instruments of any sort to help even missionaries. We asked & received $250 to help us out. 8000 patients were treated on this & drugs for missionaries bought [as] well.

Of course, it's impossible to treat that number of cares on that amount of money. We have therefore had to borrow money to keep the building open. We know that this is the first year out here & time should be put on the language etc. But we have a peculiar situation here just Nov. The Japs put up a well-equipped hospital to counteract us & then the Chinese put up one to counteract them.

In spite of this we got over 1000 cases a month even with the half-hearted treatment we have given. I have seen our Christians & good [operative] cases leave our hospital because we couldn't help them properly.

For an example I removed a pair of tonsils this A.M. with a metal tube & the A string of my mandolin. Ask any Dr. home hoe he would like to work with these instruments. I would have left the case alone, but the child almost chocked last night with the large growths.

I think it's much better to be in France doing something worthwhile helping some of the terrible cases they have there, or in China in an equipped hospital. I have put in the full year now on the language & should be allowed to do some medical work. I have a whole years medical reading neglected because of language. The estimates have arrived & I wonder with the rest here, how we were supposed to do any medical work in the dispensary (which is here) without any equipment, drugs, or running expenses or money to pay for what drugs we have bought. It is needless for me to pint out the great benefit medical mission work has already done for this large field.

Sincerely yours,
S.H. Martin

February 12, 1917

CANADIAN PRESBYTERIAN HOSPITAL
MANCHURIA

KANTO
VIA KAINAI
KOREA (JAPAN)

S. HAVILAND MARTIN. MB.

Dear Dr. Mackay

Enclosed is an article with may interest you or members of the Board, if you can get time to read it. Please give the following note to some Sunday school [illegible], as you see fit.

Dr. M.

We are all well two of the women missionaries on these two stations are expecting young children to keep them company very soon.

Kind regards to all
Sincerely Yours,
S.H. Martin

April 3, 1917

CANADIAN PRESBYTERIAN HOSPITAL
MANCHURIA

KANTO
VIA KAINAI
KOREA (JAPAN)

S. HAVILAND MARTIN. MB.

Canadian Presby. Board
Toronto,

Dear Sirs,

It was with heartfelt thanks to God, that we received a telegram saying that funds were forthcoming for our hospital construction & especially for our equipment.

I hasten therefore to ask that I may be informed as soon as possible as to the names & addresses of the generous donors in order that I may personally thank them for these kind interest & from time to time advise them of the work to which is being done through the hospital to spread the gospel in Manchuria.

Sinc. Yours,
S.H. Martin

P.S.

Although there are two small dispensaries here, a Jap & a Chinese, their medical influence is decidedly limited through lack of funds & equipment. But mainly because the Chinese never will go to a Jap hosp. & the Chinese & Koreans prefer the foreign Dr. & especially kindhearted treatment markedly absent in heartland hospitals.

June 28, 1917

CANADIAN PRESBYTERIAN HOSPITAL
MANCHURIA

KANTO
VIA KAINAI
KOREA (JAPAN)

S. HAVILAND MARTIN. MB.

Secretary of Home Board

My Dear Mr. Armstrong,

First I would like to express my real thanks to the Board, for the way in which they have helped this section of God's work; especially when I think of the great demand for funds from other station. You will be rewarded in knowing that the $8000.00 granted for a hospital & the hope of equipment to come soon, will mean that my wife & I will not be only busy, but useful; as then we shall have a better chance to express ourselves & put into use the results of our training.

Excuse me taking up your time so. But I've often thought that you must be tired of reading figures & raising funds for mission work & being human would like more of the personal tone in our letters.

The Lord has his own time of building hospitals as well as

churches & it seems that next Spring we can put up our building much cheaper than at any other time. This is due to the fact that the Chinese Customs are putting up a $50.00 plant.

In our town & we can get the same contractor to do our work at the same time. I have been to Seoul where I have had the complete plans & specification made out & an estimate from Mr. Seu at present the figure is 9,400 yen. This includes extending the present building so as to make the operating room large enough. It is now only 10 x 14 - 9 ft. high & also to make room for a foreign nurse who may be my sister who is now amongst the Indians in N. British Columbia (Don't see any chance of other)

Then there will be added two wards - a for men & women & the plan looks roughly like this

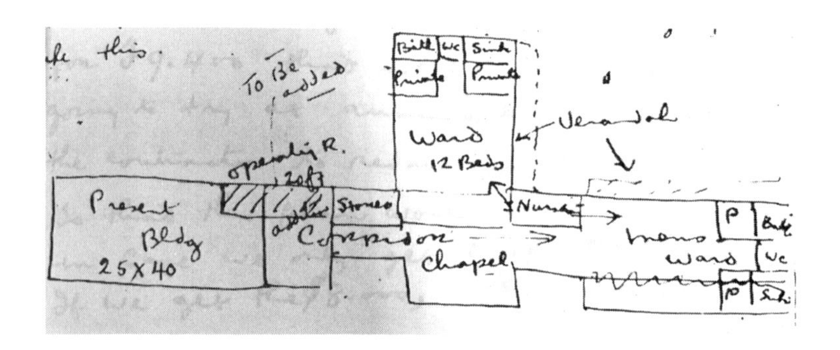

Would you please note that the present Bldg has never been equipped & has been run two years on $250 & $500. And as the building with ($2000 heating & plumbing) of the new addition will use up most of the $8000. I am afraid of going ahead with

the building unless we could be sure of equipment. But I think that the small amounts from Halifax & other sources will give us the start on it & after the war we shall be ok.

Now we could get this building done for [currency symbol] 9,400 that is $4,700 & we are going to try at annual meeting to get the contractor to reduce it to say 4,000 so that this plan would be all right in case we only get half the money. If we get the $8000, then we shall do what we shall have to do eventually, i.e. build:-

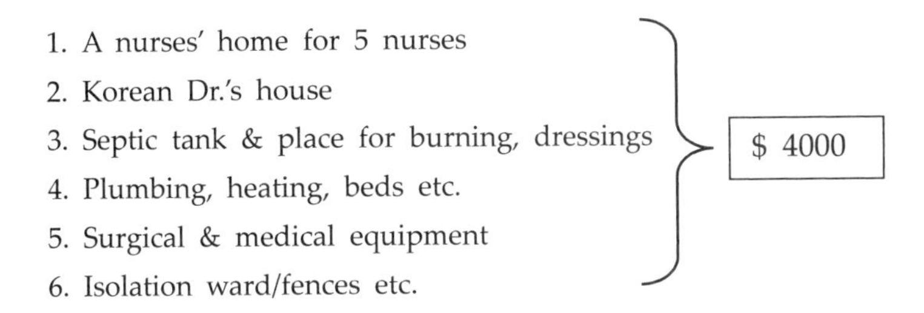

I will send you the plans & If you wish perhaps it would be nice for Mr. Ken & Miss Woodrow to see them & finally to have them sent to Orillia Church & have them framed & put in say the Sunday School so that the people may see what kind of a place onf their members is working in.

I am now squatting on a floor in a Jap. Inn, after getting through an exciting flood up in our district where three horses, two oxen, many houses, & some people were destroyed in the short span of 6 hours. Rain and hail - lightening. Things happen so quick out here. We even get on hospital grants quickly. A Miss

"Ruth" (Martin) has arrived in this "Harvest field" of ours & we will have to train here for a nurse as she is the only "single lady" in our field.

Regards to Dr. Mackay,
Sinc. Yours,
Martin

December 8, 1917

CANADIAN PRESBYTERIAN HOSPITAL
MANCHURIA

KANTO
VIA KAINAI
KOREA (JAPAN)

S. HAVILAND MARTIN. MB.
Dr. Mackay or Mr. Armstrong,

Dear Sirs,

A note from us to let you know that Miss Bligh arrived well & happy at our station yesterday. Some of the Scarlet fever cases in our dispensary getting better, & a cessation of very cold weather allowed me to run down on horse back to escort the lady over the mountains. We are seven now & I for one feel glad to have the four houses occupied. It is a poor advertisement to see three empty houses. Unbelievers are liable to think that our work is waning. Just now Mr. Foote & Scott say that things were never better in the spiritual world out here. Groups are springing up here & there. Old groups growing, people prosperous & what is most important to us, hundreds of new families are coming into our district.

The last three days, I have been traveling. I have met scores of carts on the roads & they all answered the same "going to Kando." Thus great influx of population is due to cheapness of good land, the great increase of cost of Beans etc. 100% by means of which the farmers are getting quite rich here, & increase cost of living & taxes etc. in Korea. This increase of population makes my hospital all the more needy. I am quite happy in my little dispensary. But oh! For a place to put a patient after an operation. The plans of the hospital were drawn after consulting many prominent Drs in Korea & after seeing all the plans of all the hospitals in Korea was finally adopted.

As I mentioned before, about the best contractor in Korea, a Mr. Seu, who built the large YMCA in Seoul, Severance hospital etc. besides other hospitals- is putting up $40,000 (gold) of Building here for the capstones (Chinese). As he will be continuously on the ground here, we thought it best to give hime the contract. So that in Aug. I met him in Seoul & together with Mr. Lucas of YMCA Seoul (who drew the plans, & made out the specification) and Dr. Grierson we got the estimate, [currency symbol] 9,400. Again Dec. 1st, Mr. Scott, Mr. Foote & I saw him again here & although prices of things here have now gone up 100% he has only raised his estimate to [currency symbol] 9,800. Having received word from you that $5000 of the $8000 was forth coming, we have all but completed the contract. So that if on Jan. 1st. We can get [currency symbol] 1000 Ko give the contraction as the first sum towards the payment for the building, the contract shall be closed & the building will be finished by Nov.

15th 1918, if possible. And the men's wards & extension of operating room must be finished by Nov. 15th 1918. Otherwise he shall have to pay [currency symbol] 10 daily fine.

The whole hospital must be finished by July 1919 or [currency symbol] 10 daily fine shall be imposed. The importance of having this man here on the spot is that I shall be free for language & medicine. It is providential that we are building same time as Customs but it is only part of God's great plan to help us & He knows our need even better than we do. We are all well & busy.

Regards to friends,
Since. S.H. Martin

December 22, 1917

CANADIAN PRESBYTERIAN HOSPITAL
MANCHURIA

KANTO
VIA KAINAI
KOREA (JAPAN)

S. HAVILAND MARTIN. MB.

My Dear Mr. Armstrong

Your good letter of Nov. 7th has just reached here ok. It is certainly a grand Xmas letter. To know our hospital is assured is the greatest thing in life for me. That Mr. Kerr is a [brick], it couldn't be a mere handshake he would receive if I could have him here for a minute. We are all well in the midst of the highest form of infectious disease. Many cases have died of Scarlet fever. We thank you one & all for the well worked Xmas letter you have sent us. Enclosing is a hastily arrange report.

Sincerely yours,
"In the Service"
Martin

1918

March 27, 1918

CANADIAN PRESBYTERIAN HOSPITAL
MANCHURIA

KANTO
VIA KAINAI
KOREA (JAPAN)

S. HAVILAND MARTIN. MB.

Rev. Mr. Armstrong,
Board. F.M. Toronto

Dear Sir,

Your letter to us advising the station of $3,000 towards the academy etc. was received with much joy. I'm sure Mr. Barker was especially pleased. We hope to start building here next month & to be in our new plant by Nov. 15th. In the meantime I am trying to collect equipment both for the present dispensary & for the new building so that we can use it when finished. On account of the great cost of freight, I think it would be wise to buy most of our beds, fittings etc. in Japan. There are several reliable houses there. I have been dealing with the hospital supply co. of Tokio and have obtained both American & Japanese made goods from them.

Would you please then advise the treasurer to advance to Mr. Fraser, money given for my equipment so that I can have it on hand and such things as sinks, W.C.'s etc. Can be fitted into place as the building is finished, I am changing higher this year for operations (for 22 yuan in one day) 4 operations) and also trying to save on the running expenses to help buy beds, etc.

We need a foreign nurse very badly. I am hoping my sister who is in Hazelton, B.C. & have worked 2 years amongst the Indians may come out. She I quite keen on it so far. She will graduate in a year.

Yesterday a completely blind boy got sight, a 50 year old Chinese had compound fracture of leg. Put in plaster splints & the wife of one of our most promising preachers as successfully operated for two abdominal tumors.

Kind regards, Sincerely yours,

Martin

July 9th, 1918

Wonsan Beach

Biel, Stel:-

Beverent and Dear Sir;

Your communication of July 2nd to Rev. L.L. Young has been handed to the Council of the Canadian. Prosbyterian Mission now in session at Wonsan. We appreciate the spirit of the communication and understand the Christian motive which has prompted your Church to Missionary effort in North Kando. At the same time, our Mission cannot but express regret that this matter was not fully discussed with us before any action was taken. We considered the question of division of territory as settled between the Presbyterian and Methodist bodies in Korea. As far as Kando is concerned, from the time Dr. Hardy of the Southern Methodist Mission handed over his work to us in the final division, there has been no question in our minds but that Kando was considered by the Mission bodies of Korea as an integral part of the territory for the evangelization of which our Canadian Mission was held responsible. With this clear understanding the Eastern and Western Boards of our Canadian Presbyterian Church have united in an effort to adequately man Kando and have at no small expense opened a Station at Yongjung, from which centre the whole field is effectively worked. In the light of past decision we feel confident that you have been misinformed probably by the Korean brethren and that such a step as that which you now contemplate would not only break the principle of Missionary commity in Korea but create a situation which the various Mission bodies have for ten years been careful to avoid. If necessary, this matter can be discussed before the Federal Council of Korea, but in the menatime, in order to avoid if possible such an issue, our Mission Council has decided to wire Dr. Moore as you suggest, to meet us in Council. We consider the matter to be such vital importance that if you yourself could find it convenient to be present during the discussion of the question, our Canadian Mission would consider itself greatly honored.

On behalf of the Canadian Mission

Signed Mission Secretary

Following is a copy of careful notes made by Mr. Foote at the conference with Dr. Moore at Wonsan Beach.

"Dr. Moore said, Methodist Conference North in Korea is three quarters. Koreans and one quarter Missionaries. In 1917 Koreans at Conference asked Bishop Welsh to appoint a man to Kanto. No foreign money in this movement nor will be as long as no Foreign Missionary is appointed. He appointed this man to do Methodist work in North Kando. The Mission could stop this movement but does not want to. We have no desire to conflict with the Canadian

Pres. Mission. This man who is appointed is not to go in and establish or organize any Churches until after he returns and reports to his committee in Korea. The matter of going into Manchuria is not an open question which the Irish Presbyterian Mission, the Canadian Presbyterian Mission, or any other Mission can settle. My convictions are that if we go into Manchuria we wnat to do constructive work and we should not take up work in the field around Yongjung where the Canadian Presbyterian Mission work is.

Dr. Noble of the same Mission said that if the Methodists by going in should establish Methodist Churches where there are Presbyterian congregations he would deplore such a step and no member of our conference among the Missionaries or the Bishop would for a moment approve of it.

Dr. Moore than said: When I met with the Northern Presbyterians it was ro7crted that I said that Bishor Welsh had consulted with the Continuation Committee in New York. Now, I Would like to say that Bishop Welsh did not consult with the Continuation Committee in New York, but sent a girl to look over certain documents in the office of the Continuation Committee. The New York Foreign Mission Committee has not definitely decided to open a Station in North Kanto. The Southern Methodists have nothing to do with the Mission going to Kanto, the W.E. North being independent of the W.E. Southern Mission.

Dr. Grierrson said he was the first Missionary to enter Kando. Dr. Hardy and Mr.Fenwick entered later. He could not come to any agreement with Mr. Penwick – who was an independent Missionary-- and after talking over the situation with Dr, Hardy –of the Southern Methodist Mission-- stating his convictions that either the Methodists or the Presbyterians should withdraw and leave Kanto to the other,

Dr. Hardy pointed out that the S. M. Mission was the stronger and therefore claimed the right to work the field. Dr. Grierson pointed out that he was the first to open the work in Kando and that his Church had a larger 2.c: O congregation of Christiars in Manda and that considering the geographical location the Caradian Mission certainly had the stronger claim. As no other agreement could be reached Dr. Grierson decided to withdraw and the next morning started for home. When about thrity Li on the way RrxxHardjxararteak him a messenger from Dr. Hardy. overtook him, asking that he return for further conference. Dr. Hardy said that he had thought further about the matter and had to acknowledge the strong claims of the Canadian Mission to the occupation of Kando, and had dialed decided to place the whole situation before his Mission! Some time after, Dr. Grierson received a letter from Dr. Hardy saying he dad consulted his Mission wX3tXe with the result that his Mission had decided to withdraw, leaving the field to the Canadian Pres. Mission, Dr. Hardy then transferred to our Mission all the groups under his care. the colpertours, etc. and also the buildings and lands, up to this time owned by the Meth. Mission South. By this letter, written by Dr. Hardy for his Mission and by these transfers, the S.M.M. withdrew from Kando and the Can, Pres. Mission by this agreement became the Mission to occupy and work North Kando.

You will note that Dr. Macro states that his Mission does not intend to work in or around Yongjung yet we know for a fact that he is trying to organize a Church here and he states that his Mission intends to engage in every form of Mission work, such as not carried on by our Mission, with the possible exception of Medical work. Our new fifty bed Hospital would surely suggest that the Medical work is being looked after. It is reported that they have purchased land for Educational purposes at a place about 20 miles from Yong Jung. but we are not sure of this.

We consider it significant that at the meeting of Korean Presbytery held in Hoiryung in September two- former Methodist, one of whom is now an elder in one of our Churches moved and seconded a resolution that they disapprove of the lethodist Church taking up work in North Kando as they consider the field is now Being efficiently worked...

Illustrating the attitude of the other Presbyterian Churches at work in Korea. will quote the following letter from Hr. Whittemore of the Northern Presbyterian Mission;

Sensen, July 19, 1918.

Dear Mr. Foote;

I do not know whether you heard or not that our Mission took action instructing me as Corresponding Secretary to take up the matter, with the Methodist Mission of their possible invasion of our part of the Manchurian field, or not. In accordance with that instruction I have just written to Bishop Welsh and Mr. Moore saying that our information was indefinite but requesting conference before they went into our field and then told them how our field at present went up North of yours along the railroad. McQune learned yesterday, though a Korean, that the Methodists have already taken over an academy somewhere North of Yong Jung, but re this of course, you are better posted. I am writing now to let you know what we have done so that we can be of mutual assistance if both territories are concerned in what seems to us an unnecessary overlapping of effort, to put it mildly. I have been elected our Mission's representative on the Federal Council's Executive Committee so if there is anything to come up. I will be glad to be posted

Signed　　　　　　　　　　　Norman C. Whittemore

As you will see from these letters, the matter is one of great importance as it involves a principle --as the German war did --and if the Northern Methodists do not wish to recogni c comity and agreements, we must have you look after our interests and take it up with the Methodist Board at home who will no doubt be glad to advise. Bishop Welsh of the necessity of devoting his energies to fields which can be evangelised without repeating the overlapping, which has done so much to hinder progress in other countries.

Yours respectfully,

SHMartin.

P.S. We are also enclosing a copy of a second letter sent by our Mission to

Bishop Welsh

Novemver 23, 1918

CANADIAN PRESBYTERIAN HOSPITAL
MANCHURIA

KANTO
VIA KAINAI
KOREA (JAPAN)

S. HAVILAND MARTIN. MB.
To members of Board of Foreign Missions

Dear Dr. Mackay

Your letter of Oct. 10th regarding the special gift from Orillia has been noted & I have already written to the six who donated the #132, thanking them for the same. Our hospital is now going along very well, all the men's ward being complete, & the new operating room is being daily called into use. Our increasing patients have made it necessary to take on more assistants & as we are still doing without a native DR. in order to save the valuable 60 Yuan a month and house rent, which he would take. We are all very busy & therefore happy. Owing to the great cost of fuel we are using a small ward this year, heated with a good Russian stove which need firing only once per day.

The Spanish influenza has swept its path through our valleys, but strange to say there has hardly been a death amongst our

Christians while very many unbelievers have passed beyond, & many of them without getting a word to them before they went.

They say a hospital with a death roll is working hospital. We have had a hard fight with "The Reaper whose name is death." Three, this week, have been saved just at the moment of being cut down. Three Chinese brothers, shot by policemen for opium stealing & planting, have been in hospital -- one died, shot through lung. Second one died shot through abdomen after operation to sew up [performations]. Third shot through lung is still alive & will be all right. He certainly has a good mind towards Christianity so far. His father died from a broken heart after hearing that two of his sons had died from the shooting.

Another man, 70 years old, blind over year after operation can see to read & to work around the house [with] strong glasses. His first words after operation were "That young man is my son!" My assistant right there & then while the he was full of joy at again seeing his son, directed his eyes to the Son of God to whom he has been blind until recently.

Space and time prohibit mentioning more about these many interesting cases.

Sincerely,

S. H. M.

December 5, 1918

The Korean Mission of the Presbyterian Church in Canada Yongjung Manchuria

Copy of letter sent to Bishop Welsh, Dr. Moore and Dr. Noble.

Dear Sir,

While our Mission at home is taking this matter up with the Board of the Methodist Mission in New York, we the members of the Station which is most effected by the entrance of your church into our field wish to point out overall facts for your consideration.

From carefully taken notes, we know that Dr. Moore said at Wonsan that

1. His Mission did not wish to conflict with the C.P. Mission in any way.
2. That the man he was sending in was not to establish any churches until he had reported to his committee in Korea.
3. That you would not take up any work in or around Youngjung where our work is already established.

Dr. Nobel at this time also said "if by going in we should establish Methodist churches where there are Presbyterian congregations I should declare such a stop and I am sure no member of the Methodist Conference among the Missionaries or the Bishop would for a moment approve of it."

The Bishop in his letter to us under date of July 2nd states that the man you have [illegible] in "is not to go into Kanto in any spirit of competition to interfere with the work which you have established but rather to supplement it, etc." also "he is not to acquire property, organize societies or churches."

We would like to inform you of the following facts which in light of the above, we believe you are not aware:

1. Pai Moksa, your representative is actively canvassing all our churches except those scattered in the far distance. As an example of this, he won't .. Chong Dong where some years ago our Church established a school which has since developed into an Academy where the Bible is regularly taught. Six of the seven teachers are Presbyterian. Pai Moksa visited this school and it is reported that he offered to take over the kotung and Academy of eighty boys and finance them for your Mission. He gave Yen 10,000 towards the school and in other ways tried to influence the people. The people did not welcome him at all and wished to have nothing to do with him. The only Methodist on the staff recently told one of [illegible] scenarios that he would like it to be understood that he is not in sympathy with Pai Moksa's visit and canvass. At the village of [Blan-goa] a nominal Christian lad was engaged to a heathen girl and the pastor of the church, on good grounds, declined to offer the

marriage ceremony. Pai Moksa, however, went to this small congregation and married the couple. This interferes seriously with church discipline and creates anything but harmony.

December 5, 1918

CANADIAN PRESBYTERIAN HOSPITAL
MANCHURIA

KANTO
VIA KAINAI
KOREA (JAPAN)

S. HAVILAND MARTIN. MB.

Dr. Stewart,
Halifax

My Dear Dr.

Please convey to your friends, and the different good people who have donated sums toward our hospital equipment -- our heartfelt and sincere thanks for the gifts.

Enclosed you will see a snap of our 50 bed hospital. We expect to open all our big wards in the spring & will be seeing then about 100 patients a day. Now that the winter has set in here, we have about 40-50 per day. My main aim out here is to get Christians through up-to-date surgery. Am trying especially to get-up an ideal technique for tuberculosis bone lesions. I have some cases here that would improve on Albee's spin splint etc. We have quite a little spontaneous gangrene out here, the cause of which is at present unknown. I am keeping specimens from many of our amputations to study; when I can raise enough money to buy a decent microtome.

The cause may be due to certain Korean drugs which produce endarteritis. They have been known to eat copper dust. I opened an abscess the other day and lots of free mercury ran out.

We are aiming to do decent surgery. That is one thing the Japs cannot do. With all the Kultin that they are supposed to have from the Germans in medicine.

Today amputated for gangrene in a boy of 7. His father said he would rather the son died than lose his hand. "What's the use of a boy without a left hand, he had better die" etc. We also did double cataract one side. Sees the testament with 10+D glasses; First after 2′ years blindness, That's my son." Tomorrow we amputate an arm that is simply rotten. On needs a mask not for [illegible] but to keep you from being sick with the odor!

Ever so many thanks to you,
In the Work,
S.H. Martin

P.S. Thought you were M.D. Please excuse medical terms. Would be glad to hear from you if you are not too busy.

1919

May 24, 1919

ST. ANDREWS HOSPITAL
(Canadian Presbyterian Mission)
[Lungchiagtsan] (Yong Jung) China

P.O. ADDRESS
KANTO
VIA KAINEI
CHOSEN (JAPAN)

S. HAVILAND MARTIN. M.B.
M. J. MACKINNON (Grad. Nurse)
Supt. of Nursing Staff

To the members of the Board F. Missions
Per. Mr. Armstrong

Dear Sirs,

I am sending you the enclosed in order that you may know of the disturbed state of Korea. Today we have authentic news of the burning of 15 villages & the shooting of Koreans as they escaped. There is reported to be only seven survivors. - some 30 Christian churches have already been burnt & in many cases the members of the congregations have been burnt in the building. The Korean Dr. & secretary of this hospital have both had to flee for their lives & our druggist & two surgical assistants are living in the hospital to avoid being beaten to a pulp. I have photos of many who have been beaten & limbs almost wrenched out of their sockets. Also photos of 19 dead bodies in our basement laundry - victimed of rifle fire from Chinese who were forced on the Koreans by Japanese Police. One of our Xian girls, the wife of the Christian Boys' School teacher, was arrested had all her clothes torn off by police when being searched & beaten. This was because she did not know where her husband was hiding. All Christian school teachers in this section are either dead, in prison, or have fled to Russia. The Girls' School teacher here has had nothing whatever to do with this Movement. He has been in prison 1 ½ months & is now dying of ill treatment. Mr. Armstrong will know of Meng Dong & its fine Xtian school. Although this is Chinese territory, this place was surrounded by Japanese Police last night. If any property is destroyed we shall probably report to H.B.M. Consul at Mukden as we have already done in connection in the shooting here.

You will be glad to know that all the gunshot cases that did not die become real earnest believers. All those killed (19) were buried with Christian [rites] by Mr. Foote & Mr. Scott & at that time thousands of people heard the gospel with very sympathetic ears. How there are about 400 American & British missionaries in Korea whose work is reduced to almost nihil churches, schools & some hospitals, closed by Japanese & no itinerating allowed. The Boards at home must do something to have our governments remove these Barbarous restrictions.

Sincerely Yours,
S.H. Martin

P.S.
It's useless for men like Dr. Mott & Speer who come out here & hob nob with official Christian Japanese in Tokio & Yokohama & not believer missionaries who know the real situation. These brutal, [bistical], police & soldiers & [other] officials are doing worse than any hums ever did in france. We are certain that women have been violated & we have heard from one of the American pastors that Christian school girls have been stipped, move to walk on all [illegible] in the prison before Japs Police & boiling water thrown over them from a broom which was dipped in a vessel of boiling water on a stove & other things which are not mentionable.

August 1, 1919

KOREA MISSION
of the
PRESBYTERIAN CHURCH IN CANADA.
WONSAN, CHOSEN (KOREA)

Wonsan Beach

OFFICE OF THE MISSION TREASURER.

Dear Mr. ARMSTRONG

We received your letter OK, and were more than glad to know that you had received the hospital plan and order for the heating plant.

There is no station in our mission I think needs heating so hardly as you know the need of heating an operating room for an abdominal operation and the impossibility of being able to keep that room clean with a coal stove going at the time.

Mr. Hylton put in one of the heating plants at Pyeng Yang, and as he is on our station doing Customs work he would no doubt be glad to help us out, as he is keen on that sort of work.

I doubt whether Mr. HILL to whom you referred could stand any of our eastern climate. Please read the article in the Korean mission Field on "TAKING A VACATION" by DR. Anderson.

OUR one BIG trouble is lack of staff. Please note the great increase in our work as reported in our narrative report_over 7000 cases in six months and seeing patients only in the mornings.

I am still tired from the work and until we get either another nurse or Foreign DR. we must keep down our cases in order to keep in fairly good condition. I am just learning to type as you will see.

With all good wishes to the FORWARD MOVEMENT(we had a great time with MR. PATTON.) and yourself and DR. Mackay,

Sincerely Yours

SHMartin

September 2, 1919

ST. ANDREWS HOSPITAL
(Canadian Presbyterian Mission)
[Lungchiagtsan] (Yong Jung) China

P.O. ADDRESS
KANTO, VIA KAINEI
CHOSEN (JAPAN)

S. HAVILAND MARTIN. M.B.
M. J. MACKINNON (Grad. Nurse)
Supt. of Nursing Staff

Dear Mr. Armstrong,

I wish you could see our hospital now, the new wards are great and whats more important the work is carried on with case in them.

I received a copy of a letter. from Mont.Gom. Wards[1] re the heating plant, and hope they are trying to get it out here as soon as possible.

I am writing them today about some matters, and it the heating plant has not already been completed. I am advising them to have the furnace arranged for soft coal; as its impossible

1 Montgomery Wards Co.

to get hard coal in this part of the world at all. In this case the smoke flues will need to be larger. I am enclosing a snap of the interior of one of our wards, you will see by it that our plant looks up to date.

I have others but as yet I have no more printing paper, and am writing its arrival. I hope to be able to send you several good pictures of the hospital when some supplies come.

As I have a very good lantern of my own here an anxious to have lectures on subjects such as physics, chemistry electricity, in order to give the many young men of our church an idea of the simple rudiments of apparatus and engines used in ordinary industrial work.

If you get hold of some slides on this subject, and specially slides on hygiene and the Life of Christ and other bible subjects it I would-be-of great help to the community.

Things are very quiet here now, but one never knows when it will start up again. I am hoping to get a doctor and graduate nurse soon D. Y.

We are in good health but have to go easy a [illegible] so as not to get overworked, am using this typewriter mainly to arouse interest in the work out here am just learning excuse mistakes.

With kind regards to you all,
Sincerely yours,
(signed) S H Martin

If any of your DR. friends have some out of date medical books they might help to keep us up to date.

Supplies and Equipment required by Canadian Presbyterian Mission Hospital at Lungchingtsun (Yong Jung), China.

Portable or small X-Rey Outfit for doing bone work, if possible with the source of power attached. If not the whole outfit, then a 10 or 12" high frequency coil alone. X Ray tubes.

Hospital Stretchers 2

1 wheel Stretcher

Amputation Set

Small Microtome for cutting Pathological sections

Aspirating Set

10 White Hospital Beds

Autoclave Steriliser

Dr. S. H. Martin.

October 1, 1919

CANADIAN PRESBYTERIAN HOSPITAL
MANCHURIA

KANTO
VIA KAINAI
KOREA (JAPAN)

S. HAVILAND MARTIN. MB.

Dear Mr. Armstrong,

We were very greateful to get your letter of the 21st of Aug. re our heating plant and to know that it would be started on its way out here. I am glad you have it sent to the port of SEISHIN as otherwise we would never get it. Mr. Hylton is here and is an expert on heating plants, he is Just finished puttin in the large Customs plant. I hope that it may be possible to have him put our plant in before he goes as he may before next year. He is a mighty good man and I think the mission would do well to employ him again, as we will no doubt be always having repairs and building, such as heating plants for our houses, building academy here, enlarging academy Hamheung, Making over the new hospital at Wonsan etc. He is a mighty good man and I think the mission would do well to employ him again, as we will no doubt be always having repairs and building, such as heating plants for our houses, building academy here, enlarging academy Hamheung,

Making over the new hospital at Wonsan etc. These are only my ideas, but I believe Hylton would like to take up work to the mission. if [illegible], You will be glad to know that after three years we have at last a Korean DR. but we have to pay him $100 a month and everything in the medical line has so increased that its [hard] for us to keep in our estimates. We have also a Korean graduate nurse from severance who is a great help to us as Miss Mackira has not returned from the south where she is resting I think the board should be exceptionally careful about ladies coming out-We find it hard sometimes to get them to do as they are told. I was treating a case at the beach a member of the Presbt. mission No. She told me that the Lord had lead her to consult a DR. re her trouble she had stayed away from one for over five years but by prayer she had been lead to see a DR. and as she had malaria she soon recovered with treatment. More then half of our girls are sick, when they might be in much better health by taking regular exercise etc. The majority of our missionaries would not stand examination for army service. We have no use for anyone who is lazy but some of us won't be here 50 years unless we look after the ordinary things of health. Cholera has caused about 2000 deaths in Korea so far, all our people are OK. so far. there are 2 deaths in Hoiryung, and one death 40 li from here. I am going to [illegible] who has been ill several weeks now, nothing [illegible] I expect you to hear some news but the things you are interested in soon. Received book OK. its fine. I am preparing a booklet to try and raise some more money for our

X-Ray outfit. As tuberculosis is the great disease of the East, about 90 chinese die every hour with it I am making a special study of it and especially of T. B. bone work of which there a tremendous field in manchuria. X-Rays are absolutely necessary for good work in this line. Thanks for [your] good snaps received, I will try to send you some.

Miss Whitelaw was appointed to Hoiryung for this fall but severance is holding her and the poor Barkers are left alone with Mrs. B. sick and Cholera in the town which I think is hardly fair. Excuse this pessimistic note, which is caused mainly by the high cost of hospital running.

With best of good wishes from us all

Sincerely yours,
(signed)
Stan H. Martin

1921

May 13, 1921

ST. ANDREWS HOSPITAL
(Canadian Presbyterian Mission)

P.O. ADDRESS
KANTO, VIA KAINEI
CHOSEN (JAPAN)

MANCHURIA, CHINA
S. HAVILAND MARTIN. M.B.

Dear Mr. Armstrong,

Please tell the "Missionary Review" people that I have never had the pleasure of ever receiving their paper. I subscribed to it this year, March, but as yet have not received a copy.

I wonder if they are sending it to the wrong address. In any case, I have not received even one copy.

I have just finished my fifth operation & am fed up [6 PM.] We had over 100 patients today. This afternoon a Chinese woman went home able to see - a boy, the only son of an old man went home cured from acute Bright's disease (nephritis)

The Korean Gov. presented Mrs. M, Miss [Markman] & myself [illegible] gold medals for treating 45 wounded cases. Mar 13th ['19?]

with [illegible] convulsions, & a little school girl age 15 [cured?] of pneumonia so we have just seen, as the Commissioner of [illegible] for the district (who is visiting) said, "Certainly it's great to be able to make people happy."

I am in communication with Elec. Engineers of Rockefeller Board re. the lighting of our hosp. & compound with electing light. At present we have only cheap Jap. Lamp, a [great source] of danger at night with irresponsible patients. As our plant now it's quite worthwhile, I'd hate to see it go up in smoke. I think we shall be able to light the academy & homes off our hosp. lighting plant as well. Our pumping & water system works excellently.

Best Regards & thanks to all the members of the Board.

With best wises

SHM.

Miss Mackennen says she has gained 13 lbs. hurrah.

May 23, 1921

ST. ANDREWS HOSPITAL

(Canadian Presbyterian Mission)

P.O. ADDRESS
KANTO, VIA KAINEI
CHOSEN (JAPAN)

MANCHURIA, CHINA
S. HAVILAND MARTIN. M.B.

Dear Mr. Armstrong,

Enclosed please find plans for Hot Water plants for 3 houses at Yong Jung. The plan for NRB house, the single ladies has already been sent to the W.M.S. who have granted $2000 for it. Since the board has only granted $1000 for each house we were wondering if the four furnaces etc. could be secured for $5000. The reason in favor of hot water systems here is

(1) The academy & hospital plants will be steam. The tools & equipment for installing are already on hand.
(2) The hospital engine & pumps can supply water for furnaces for the four houses. By June this year this supply pipe with water under pressure wall empty just in front of four houses for fire protection.
(3) Wind blows up to 50 M.P.H. here & continuously. So that

often our coldest days the temp. is fairly high. Because of great amount of wind up here we think hot air furnaces unsatisfactory as hot air always banks up or the side of the house hot exposed to wind.

(4) Hot water [revolves] entirely danger of fire. Hot air furnace unless properly installed dangerous. Hot water system would give us a hot water core in the furnace to give us hot water for bath etc. which we shall soon no doubt get. At Kainei because of proper bolt in single ladies' house.[1] 3 missionaries without a real good bath for six months. Good sanitation etc. will reduce our going home for treatment.

The great advantage of a furnace here is the help against fire. For example today its heaving clouds of dust & frosty. A fire in the Scott house would probably take the four houses and we haven't our worldly good amused. We have Fire extinguishers in all the buildings & have a hose in hospital & making a hydrant for four houses this spring. If not able to obtain expert to put in plants this year, I could superintend putting in hot water systems. I have sent the plan for the [] steam plant to Mr. Scott. [illegible] quiet. There are about 1,500 Jap troops in this distant 300 new ones last week.

They have 127 new police at 15 new stations opened in this district. Jap residents increasing. New bank Yen300,000 & new

1 온전한 문장으로 보기 어렵다(역자 주).

oriental Develop. Co. bldgs. this year. Japs certainly not going to give up Chientao unless they must.

I turned 5 Jap. signal men off compound Monday. They offered insolence they entered through a gate which has in Chinese characters "No admission except on Business." I reported to Jap. Counsel. Soldiers were reprimanded said they didn't know. I enclose copy of a "spy" incident for which Japs apologized saying "the Policeman was partially insane & not responsible for his actions."

Best regards & thanks for all your doing,

S.H. Martin

May 28, 1921

ST. ANDREWS HOSPITAL

(Canadian Presbyterian Mission)

P.O. ADDRESS
KANTO, VIA KAINEI
CHOSEN (JAPAN)

MANCHURIA, CHINA
S. HAVILAND MARTIN. M.B.

Rev. A.E. Armstrong

Dear Sir,

I wish to advise you that I have made careful medical examination of the members of Kainei & Yong Jung Stations & except for Mrs. Barker find them in good health-but the majority not as physically fit as they ought to be, mainly due to undermanning. Note an article on health of missionaries by the undersized in "Korea Mission Field", May number.

Sincerely Yours,
S.H. Martin

British Consul here from Manchuria looking into Japanese doings. S.H.M.

He thinks a lot of the medical work here gave us [yen 25].

June 14, 1921

ST. ANDREWS HOSPITAL
(Canadian Presbyterian Mission)

P.O. ADDRESS
KANTO, VIA KAINEI
CHOSEN (JAPAN)

MANCHURIA, CHINA
S. HAVILAND MARTIN. M.B.

Dear Mr. Armstrong,

I wrote you re the "Missionary Review" & I think that some friend of mine at home must be sending it to me. I have three or four papers coming that way & I do not know from whom they are coming.

Thanks for connecting address. I send all my important by Chinese post because of censorship & I have my letters from home come via Chinese post for that reason. For the last month the censorship has been reduced. Probably due to stormy remarks from Consul at Mukden.

We cabled you about a month ago to let us get all our heating plants from to buy & install the hospital lighting & X-ray. This St. John money was sent us mainly as the result of lectures etc. by my father & I have thanked the church for the money & their good will. The roof of the hospital cheap. Mont. Ward. paper should be renewed. It now leaks in 20 places. We should like to put on an asbestos roof tile rather than have to renew roofing every 5-6 years. One third of the main hospital heating plant is not yet in the isolation. Ward has to be equipped & heated & our back lab has no equipment except a microscope. I had planned to light the academy & homes from the hospital plant but now find that it will be difficult. Our septic tank works well. So does the water system.

At present I teach Physical drill, Chemistry & Physics in the academy & am most anxious to help it but I feel until we have had the very necessary work done for the hospital that it would be better for the academy to want.

The main censorship of letters was between [Seishin] & here, coming in & out. All our letters were opened & registered mail from Kainei to here took 2 months - much of our mail has never been received.

Mrs. Martin had [abdomen] operation here to save our expenses at home. I claim that the Dr. who can't do [illegible] surgery out here is no good to the mission on Koreans. All the missionaries on these two stations have been medically examined. Mrs. Baker is now quite better. I would advise the board to be particular in examination of your ladies for Korea, especially nervous [system] (private: I think that Miss Fox & Miss Fingland are the only really robust girls we have) I see that Mr. Scott has his M.A. now, Mr. Strong, I think its nothing short of madness for me whose constitutions are so far believe par as his was, to do extra study when he should have spend most of his time in recuperating. I had him with me two years & it's not an M.A. he needs as much as a good talking to followed by 6 months in a sanitarium. (not as a result of the talking) I know a [queer] man who got the gold medal in Philosophy & died a year later from Palm T.B. Concerning max. [worker firm] I ordered the operating equipment from there because they make up sets at a cheap rate for Mission hospitals. According to the 'China Medical Journal' I think they are dear & in future all hospital material shall be bought through the Cooperative [illegible] Committee of the China M.M.A. With whom I am in communication.

Severance is the most expensive place we could buy things. We get there from the Hosp's supply Col. Japan and American firm. Dr. Menezes also bought there. Severance makes the biggest income from its sales dept. & give no discount. Burroughs Wellcome Shanghai give us 20% & we have an only Chinese duty to pay.

With best regards,
Sincerely yours,
S.H. Martin

July 17, 1921

171 Lemarchant Rd.
St. Johns Nfld.

Dear Dr. Mackay,

Your letter of July 7th at hand. Thanks for your kind welcome. Concerning the enclosure re. a sanitarium in Korea, I am answering on another sheet.

I have been received both in Halifax & Nfld. With open arms. The W.M.S. here gave a reception & yesterday a.m. The kirk was crowded. Everyone seems to be keenly interested in my story so much so that people came many miles from summer resort to hear of the work. I have been asked to get to Grand Falls & Bay of Islands. This I shall do on my way to Synod to be held in Halifax Sept. 12th.

I am having some lantern slides made here but am reserving some to be made at your lantern department in Toronto. Could you have then made up from the negatives so I could use them in Toronto & Orillia. I could have them over to you or some of our Korean missionaries when I return to field.

Please advise how I meet my expenses from Boston to Toronto & Orillia when I go to report on my work.

With Best Regards,

To all in our Korean field - any news from there will be welcome. (over)

Sincerely Yours,
S.H. Martin

I will be of interest to you to know that I am my normal self again. I am gaining weight rapidly & will soon be in better health than ever before.

Thanks to the guidance of our heavenly Father.
S.H.M.

Re Sanitarium in
Korea · Japan
China · etc

(1) I think that a sanitarium <u>is needed</u> in the far east - because of the great expense of travel etc.

(2) I should never wish to go to Japan if sick in any way - Doctors I have met in Tokyo + Yokohama say that except for certain parts in the world, that Japan has the most [] climate of all countries in far east. I have personally. Three different times + at different times of the year found a lack of [ozone?] + feeling of malaise - never noticed at any time in Korea.

(3) I would suggest - a sanitarium at Wonsan - Korea for both Korea + Japan / Wonsan would be ideal in many ways.

(4) I think that a separate institution should be planned for China proper - I think that by enlarging & equipping the present Hospital & plant in the mountains where our home and mission [ ] go from summer (where Tuberculosis in [ ] stage has had such good treatment) you would have a place as good as any [ ] [Chines missionaries] will know better most of our Korean & Japanese [cares] are amongst young women & young married couples & I am sure that Japan would not help Korean mission.

I think these institutions should have specialists in all lines of medicine & surgery. -

But I think this very strongly - that the main way to keep up the missionaries health is by :-

Having every medical man on the field make it an important part of his work to get after each individual missionary watch them weekly or monthly - not wait for them to come to you. & insist that they take care of themselves & have Board work up the doctor in change. /

S.H. Martin MD CM

1922

July 18, 1922

Dear Dr. Mackay,

Yours of July 11th to hand. Regarding Rent – we were forced to rent a cottage at Pasadena & the cottage that Mrs. Martin is now occupying is costing $50.00 per month although owned by her uncle. Her father is staying with her & not at his home in [Calthance.]. We shall have to pay $80 -$100 for a very ordinary flat near Boston this winter. But we must get [illegible] up for the field- otherwise we certainly would not have left China.

It's great to get home to tell the churches about the work- but it will be better still to get back to work again. I have been asked to go to Orillia in October (for W.M.S. & Missionary Sunday). Please advise me- note enclosed. I might run up & speak & return immediately to Boston for medical work – I need funds to get to Orillia as I am cleared out - buying new clothes etc.

I am getting in fine shape & as I write am at an island eating about three times what a healthy man should eat at one sitting. Am making up lost weight. Have photographed 10 [banners] in St. Andrews Church here to send to church in Yong Jung. Shall bring some to Orillia.

Best Regard to

S.H. Martin

October 14, 1922

Winthrop Highlands
Winthrop
Mass

Dear Dr. Mackay,

You will be interested to know that we are all well & living near the sea in a nice apartment.

I have been fortunate in having met some of the best surgeons & physicians in Boston, so that each day I see operations at the Peter Bent Brigham hospital under Dr. Cushing (noted all over the world for brain surgery) & other good men. I heard Richard Cabot yesterday lecturing to the graduate doctors & staff of the Harvard Medical school. I have worked also at the Mass. Eye Infirmary, & at the Mass. General Hospital. Seeing the way diagnosis & treatment is carried out in these fine schools of medicine, I think it is a great miracle that we are able to do the half of what we do in China. Seeing such beautiful operative work makes one keen to get back & put some of one's new knowledge into practice.

Now to come down to the sordid earth again, we are finding it hard to get along. Having had to move twice, & in one case pay a month in advance before leaving, we find ourselves in cold weather without coal, & only able to get a limited amount of soft coal, & no hard coal. We have to do our own furnace heating, gas & electricity besides rent of $60 per month. Coal is $20 per ton(soft). We want to ask as a favor that we be allowed to spend the payment of $125 over say six months - when we are paying coal bills. It will help us out, & the summer won't be so bad as we hope to be in Newfoundland, where rent at least is cheap.

I haven't seen much real spiritual life since leaving Korea. I spoke at a church here & they seemed to be absolutely dead. I shall be glad to hear some Korean pastor preaching the gospel again.

Kind regards from all,

S.H. Martin

Decemver 8, 1922

59 Summit Ave
Winthrop
Highland
Mass

Dear Mr. Armstrong,

Glad to hear from you again - Mrs. Martin is quite well. She has just presented us with a son & she is quite happy. She is at the Baptist hospital, where she once was a nurse & is being looked after by one of the best men in the country, Dr. De Normandie. He is an old friend of hers & I am M.D.[1] Mrs. M suggested that she do special [illegible] in March & April. She wishes to earn money. I said "absolutely not." I've entered this to show you that she is feeling well & anxious to be about. Baby born Nov. 29th '22 (9 lbs. 1 oz)

I have been attending all the best clinics in Boston. Introductions from the Rockefeller Board gave me an "entrée' into the best clinics. I have finished two courses in eye surgery. An 'how doing general eye work & just starting a course in orthopedic surgery. I have had to use a great deal of my $300 for travel to & from Boston. I feel that the knowledge already obtained will be of great value in leading others to see the

1 Medical doctor. 의대를 졸업한 의사.

Kingdom, especially in eye surgery where the doctors here think I do vey well. They say "Why waste your time out there when you could make so much money at home." I told one man that "I should rather be a dog & bay the moon" than stay home here & charge a poor school teacher $150.00 for cutting a simple eye muscle for squint (a case in point).

I'm anxious to get busy again & am going to look up some social service work here- one rarely bears a real sermon but lots of lectures. We miss the spiritual life of the Koreans & will be glad to get back home again.

I should be ready after February to lecture anywhere you wish. I want to finish my orthopedic surgery first. I have 120 very good slides of our work. I must go to Orillia as soon as I can.

Re. the Hospital Roof,

The hospital roofing is not rubber··· It's a very cheap Mont. Ward[2] paper, dark red in color.

It was delayed in Japan in extreme heat (July) & stowed under heavy weight. It arrived in July in Nov. was opened in frosty weather, surfaces crashed. But as the roofing had to go on it was put on under protest on our part. The contractor asked me to write Mont. Ward. Re condition on arrival. They gave us half roofing again without extra charge.

Thus was put in men's ward. The original dispensary end is now six years old. It is only guaranteed 5 years at most by

---

2 Montgomery Ward

makers. The hospital leaks all over, especially in operating room where there is valuable equipment.

Wind is a very important consideration in Kanto. Paper roofs even of best [rubber cord] will not last long. The paper once it moves a little starts leaking around nail holes. There are bound to be some nail holes [bended] around edges.

Please note -- The paper roofing on all four homes & academy is much superior & is rubber cord all except academy.

My opinion is

(1) asbestos will last indefinitely - is strong & durable & the timbers of roof can stand weight.

(2) The Grey Colon will match the whole building & one in grey brick & granite & give it a good finish & appearance - a poor roof makes even a well-finished structure look cheap.

as the hospital does now.

The rest of building is well done & in the original building I planned to have a good roof later

so that we could put better work into the walls of & double flooring etc. The hospital only cost $ 8000 & its 260 ft long with a 60 ft. wing behind. A real rubber cord roof would do fairly well but I would be very sorry to [see] a real roof delayed any longer.

Here is a new $ 150,000.00. Jap hosp. just being finished in Y.J. The question is whether we are going to make our work worthwhile that is a two men [or] man & woman station with a nurse (that does not belong to Severance as soon as she lands in Korea) I hear a new nurse goes to S.

Miss Whitelaw is coming home soon. (Mrs. Young is the Severance nurse)

Does the Mission mean to carry on a real work at Hamheung (a two-man station). I feel that I should be doing my best work as a surgeon in some small hospital - where I could do a great deal for the Blind & the lame - I feel strongly that 3 one men hospitals are not as good for the work as a whole as one, two-man hospital. I would be satisfied to go to Hamheung if the Mission wants to have a real work there.

If we are to be one man station for another five years, I should much rather go to Honan & work with some other man in a very busy station there. There are not enough doctors in our mission to scatter them all over · Dr. Mansfield is really out of our mission in a sense he is first of all a Severance Institute man. Dr. Grierson is not the interested in medical work primarily & that hospital in the spring was a disgrace. Because nurse sent to Severance & Koreans in charge. This leaves Dr. Murray & myself. We both feel that the work could be best helped if we were together or if another Dr. sent out to help us toward two-men Hospital. If we go on as we are doing, we shall only end up like the good Dr. M. M. die from overwork in a poor hospital having to do a 100 things fairly well & nothing properly. My one aim instead, this year is to learn to do something well.

A rich man here -- a doctor says he will give us something towards the roof. I can't say yet how much. A letter from you to him (Dr. Sproule c% of me) would be of value in showing him the need.

I am rather strong I know on the two-man hospital but I feel more than I can say that we can do so much better work with consultation & the handling of difficult cases together in an isolated station.

I believe that the efficiency of our work went up 60% where Dr. Murray & I were working together for 2 months although I was half sick. There is a doctor friend of Dr. Murray's I think in the General Hospital St. John N.B. who would like to go to Korea. Please let me know what medical policy the Board has for Korea.

The Mission has not a policy although I have worked hard for five years to get one. Dr. Murray & I belong, perhaps to a new school of medicine & we both feel that something should be done.

Please let me know if the $5000 given by St. John's N.F. Presbyterian Church [to] St. Andrew's for X-ray for our hospital is still on hand for this? Or part of it?

I have picked out the machine. I should like to take to Korea with me & am waiting to know

if any money will be available by next fall. What do you think of St. John N.F. taking my support? The whole church seems to be quite anxious.

With Best Regards,

Sincerely yours,

S.H. Martin

59 Summit Ave.
Winthrop Highlands
Winthrop
Mass

Dear Mr. Armstrong,

Last night a minister friend of mine & I were invited to call on Dr. Sproule again. He read us your letter of thanks for the money he had sent our mission for the hospital roof. He also enquired carefully into my studied at Harvard Medical School & after hearing several stories of the great need of eye surgery & orthopedic work he thought that I ought to continue my studies which I have been forced to drop since December & take advantage of the excellent facilities for post-graduate work in the city. He is especially interested in medical missions & is helping a doctor in Persia where there is a great deal of eye disease.

In the course of the evening he gave me this cheque. This money will enable me to take up work which I could not have done for lack of funds. I am planning to take two or three course within the next two months. One of these in "Refraction" will be of great value towards making the hospital in Yong Jung self supporting; because people are willing to pay well for good glasses.

There comes involve the buying of special instruments such as an orthalmoscope which will be needed in the hospital in Yong

Jung & will be money well invested. As this enclosed cheque is made out through the Board as I had requested Dr. Sproule, I would be obliged to you. Could have the amount sent soon as possible so that I may get busy again & finish up; so that I may get to Canada to lecture as you may suggested.

With Best wishes for the new year.

Sincerely Yours,
S.H. Martin

Mr. Burry of Queens I know very well. I have never met a student who would make a better missionary. He is a real Christian & has lots of common sense.

(He was a student volunteer with me.)

1923

February 20, 1923

59 Summit Ave.

Winthrop
Mass

Dear Mr. Armstrong,

Re your letter concerning medical registration in Korea. When the Japanese took over Korea, men like Dr. Grierson were allowed to continue without a new license. Americans & Canadians such as Dr. Mansfield were required to write the exam in Tokio. Dr. Mansfield practiced under the degree & license of the Korean Dr. in the hospital at Wonsan. Dr. Stites, an American of Severance told me of his difficulties. The exam in Tokio is in two parts. They will not let you take them together & I think six months must elapse between the written & oral exams. As you know, the Japs copy the Germans in medicine & in military tactics, so that Canadians & U.S. men find it hard being examined according to the German school of medicine, by people who speak good German & poor English.

I should suggest as I have already done, that British subjects should obtain the British license, & Americans should go to Tokio & write the exam & this should entitle them to work in any part of the Jap. Empire.

If I were to work in Korea, I should write the Newfoundland exam. By adding five [British pounds] to this & sending it to London, I can receive the license to practice in the United Kingdom. I should take this to Japan & receive their license directly. Dr. Murray has done this with her Canadian exam, & all is fixed.

I am getting one of the best courses obtainable in orthopedic surgery. Am speaking next week in the Boston YMCA. We are all well, but this has been a very hard winter.

I am more than anxious to get back to Yong Jung to help out those [Russians?]. We leave Oct. 18th - we leave here for Nfld. in June. We expect to spend July, August & Sept. in Nfld & leave Canada Oct 18th on Empress of Canada. I shall be through my courses here by the end of 20th of March.

There is a lot of medical work I could do free of charge, but I must get to Orillia as soon as possible after winter is over. I will be glad to do anything you wish in April & May. I should spend at least a week or two in & around Orillia. I wish also to see Mr. Kerr of Port Elgin, who gave us $4,000 for the hosp. & also Miss Woodrow of Montreal.

Sincerely yours,

S.H. Martin

March 6, 1923

59 Summit Ave.
"Highlands"
Winthrop
Mass

Dear Mr. Armstrong,

I have just rcvd. a letter from Dr. Murray. She says our hospital is filled, including a great number of Russian refugee cases - one a beautiful singer with pneumonia. She is the former wife to the Czar's Chancellor. First time in a bed for five years.

Hamheung is pressing strongly for a doctor & I expect that Dr. Murray will not be able to wish to go back to Yong Jung after Annual Meeting. As it would be a very bad thing indeed to have the hospital closed for even a month, I am anxious to get back early.

We asked to have our tickets booked for Oct. 18th. Could you have this put earlier & if possible have us go on the same steamer as Frasers. Please let us know if this can be arranged. As we are going to the same station as the Frasers we might be able to help each other en route.

P.S. I have written Rev. Mchab.

I do most earnestly wish that we might have a second doctor at Yong Jung. What do you think the prospects are? Are we to not have [Burry] in Korea?

Am enclosing documents,

Sincerely yours,

S.H. Martin

Please arrange a travel or itinerating trip for me for April & May, if necessary. I should like to go to Midland, Orillia, the home of Mr. McMullin's father (Smith). Kingston, Montreal & Mr. Kerr's home at Port Elgin.

I am having a great time with orthopedic surgery. You should see how terribly deformed children are straightened out and made happy in this wonderful clinic.

I am especially following up tubercular cases & reading x-ray plates. I am determined to do better bone surgery when I return & am therefore anxious as to the whereabout of that St. John's grant for the x-ray. If it's absorbed in the general fund I should wish to try & raise enough to get a small outfit before leaving Canada.

March 28, 1923

59 Summit Ave.
Winthrop
Mass

Dear Mr. Armstrong,

Everything going ok. Fraser & I heard Sir. Geo. Foster at Boston City Church as the guest of the Canadian Club.

We had [illegible] in [illegible] at YMCA etc. I have read ½ fare ticket for Canada ok, Thanks. ½ fare not accepted in any of New England states so clergy rate [is] useless for me. I am not going to Nfld[1] until June & July. & will then take the whole family to St. John via Halifax by boat. This trip, I should wish to return as soon as possible after [May] as our maid is leaving very soon & Mrs. Martin would be overtaxed. I should support them that I return via Montreal.

Please arrange for a complete tour & have some money sent to get me up to Toronto via Buffalo.

With Best Regards
Sincerely yours,
S.H. Martin.

All our children with measles.

---

1 New Foundland, Canada

59 Summit Ave.
'Highlands'
Winthrop
Mass

Dear Miss [Cranston],

Thanks for your letter of Mar. 15th. Please arrange for us to have rooms 97 & 101 as suggested in your letter. Empress of Canada sailing Aug 23. We are very happy to know that we may be with the Frasers as the children know each other & we shall be bound to the same station, etc. Please let me know when you are not busy how Denholm is getting along in Formosa. He was my classmate in medical school.

With thanks,
Since. Yours.
S.H. Martin

59 Summit Ave.
Winthrop
"Highlands," Mass

Dear Dr. Mackay,

Enclosed you will find a letter from Rev. Rob Power of St. John's Nfld Presbyterian Church.

This concerns the $5000 gift from St. Andrew's Hospital X-Ray & for which we have planned for the last 4 years. You will notice by enclosed Church Bulletin where the funds were given & I have an "April" one which shows my acknowledgement of the $5000 & telling St. Andrew's Church, St. John that I was [therefore] in communication with the X-Ray section of the China Medical Association concerning the best apparatus to purchase.

Enclosed in a part of the apparatus that was picked out by me & was shown to the Presbyterian in St. Johns when I was there. Mr. Ross, Brother of the President of the W.M.S. is agent for this company & we had arranged to have the whole thing go forward with us this fall; but it seems that there has been some mistake & this [spend sum] has gone into the general forward movement fund & been lost to us.

If this is the case, it will be hard for me to explain it to friends in St. Johns in a months time. This Church is more or less independent of the Canadian Church.

The $14,000 given by Orillia – $12,000 I think Forward

Movement was used as per enclosed account.

Even now the hospital has a very poor roof leaking in over twenty places. A doctor in Boston gave us $200 to buy another cheap roof as the board would not grant a real roof.

The electric light plant was put in almost entirely for the sake of the X-ray plant by [students] all this winter were planned so that I might have X-Ray for in time work when I go back. 50% of our cases are Tuberculosis. One could do a treatment work towards saving young people's bodies in this way.

The money left on hand in Yong Jung is being held by the Station for repair to heating plant & water running system. They told me that any money I wanted must be obtained at home.

Please let me know soon (1) Where the X-RAy done is? (2) Can I obtain it so that I may finish brining our outfit out of [illegible_10]

We are still getting along down here somehow. WE can't get a maid less than $50 per month so will be glad to get to Newfoundland by first boat. Since we must wait in Korea (for doctors) until Formosa is supplied with two or three doctors.

Was wondering why one or two of the McClures weren't sent there. [Kangnoon] is to have four doctors now.

With every good wish for your success & guidance in these times of change & lack of money.

Sincerely Yours,

S.H. Martin

May 2, 1923

Toronto

To Executive of FMB
Or Dr. Mackay

Dear Sirs,

Regarding the medical policy of the Korean Mission I beg to submit the following notes:-

There never has been any definite medical policy in Korea although I have tried to have one formed at every annual meeting.

Regarding Two-Men Hospital Units

(1) The present day training in medicine (6 yrs)(without hospital) - So fits a man that he is greatly handicapped unless he is in a well-staffed institution or can get expert opinion from one.

In isolated hospitals, the problem is intensified in

(1) Epidemics

(2) Warlike condition (Japanese atrocities in Manchuria) Fighting in South & West China where our hospital do the Red Cross work of China

(3) Caring for wife of doctor in confinement - always [illegible] in a civilized country
(4) Care of a seriously ill physicians who otherwise has to treat himself - even in the last stages.
(5) Consultations over serious cases.

In general:

The ability to do much better medical & surgical work.

The raising of Hospital efficiency so that it can become self-supporting.

Medical statement now neglected could be done to some extent Hospitals can be kept open during furloughs & vacations. One can't empty a 50 bed hospital to take a vacation.

The present time ideal to save funds in Korea & have one hospital run properly. There is really only one hospital running fairly well & that is in Manchuria.

Korean Doctors are out for money. The man who was at Songjin gets more salary than Dr. Murray - who is an excellent doctor.

We cannot be sure of doctors for Korea for some time for several reasons.

Young Doctors not anxious to practice in the Japanese empire with its restrictions, red tape & necessity for Japanese Counsel [illegible] missionaries' health.

Hamheung has a good railway with Wonsan & Seoul & can easily get doctors or patients can go to hospital.

Young Jung is isolated. Japanese will only allow Hamheung a 10 bed hospital unless remodeled. Miss Whitelaw's furlough - leaves Yong Jung & Hamheung without a nurse. No nurse at Songjin.

If Dr. Macmillan had been inoculated against typhoid by another physician in the same station, she would have probably be with us. With these notes as a suggestion, I would like very much to have Dr. Murray stay in Yong Jung until another doctor is appointed. When Hamheung [illegible] be opened.

Sincerely yours,

S.H. Martin

May 11, 1923

59 Summit Ave.
Winthrop
Mass

Dear Dr. Mackay,

Please read carefully enclosed letter. I may say that Dr. Murray's sister, Miss Anna, has been out of college this year with T.B. lung condition - she is a fine by robust girl like her sister. And I am sure that if Dr. Murray is put alone at medical work on any station her life's work is going to quickly shorten.

She is well as missionaries go but she is liable to a severe nervous breakdown -- or living trouble if allowed to use up her energy without someone having an eye on her. I worked with her three months & I understand her.

Regarding Miss Field's case, I hope the Board will do something to see that this sort of thing is not repeated. I had [illegible] of a similar case, a young lady, Miss Edgerton of Northern Presbyterian Mission

she became violently insane mainly due to language study & classes, at Wonsan Beach where she was supposed to be resting. Instead of resting this poor girl spent her days in language study & nights at Holiness meetings, waiting for the Holy Ghost. Dr. Anderson & myself put in the strongest protest against studying on the beach at vacation time. This has been removed.

& the medical [illegible] of Korea are trying to eliminate a certain type of holiness meeting & other meetings that do not help the missionaries rest. Now I think that there are all together too many courses for people on furlough. We can do without some of these [issues] etc. A missionaries furlough should be first to rest. Second or thirdly study. Please bring this to notice of [illegible] Murray.

Hoping that you urge council to adopt two stations.

Sincerely yours,
S.H. Martin

If Dr. Murray goes to Hamheung --she will have the whole load of the work, she is
only 30 years of age & there is much more to hospital work than the medical side of it.

There will be the remodeling of buildings. Conferences with Japanese police on reduction permits reports for Japanese government etc. Northern Presbyterian Mission has closed two hospitals in order to put two men into one.

Dr. Cutter of Pyeng Yang, a lady doctor, told me when I was there that she spent half of her spare time doing things for the Japanese govt. The point is that this policy of putting energetic young [illegible] & women alone on busy stations is absolutely wrong & will in the long run be the quickest way to close up medical work in any part of China; Japan; or Korea because of breaking down of these medical missionaries.

59 Summit ave
Winthrop
Highlands
Winthrop
Mass

Dear Miss Cranston,

Re the $160.28 which should be refunded by the Southern pacific Ry Co to our Board. We left California about the 23rd of June having purchased a ticket which was OK.d. by the passenger agent of the main office of the Southern Pacific Ry in Los Angeles.

He held the train while I was forced to buy two new tickets without missionary reduction which we had obtained before. I was careful to get receipts for the money paid for the new tickets. On arrival at Chicago I went to Southern Pacific Ticket office with a lawyer friend of mine. He took notes of the case & said the office at Los Angeles would arrange a refund. I sent a copy of this letter (from the agent at Chicago to the agent at main office at Los Angeles) & also the receipts also was passed as correct by the city ticket office in Los Angeles where we were routed via union pacific to Chicago. We then went to Pasadena a few miles from Los Angeles & showed the agent of the Union Pacific our tickets he said they were all right & gave us a compartment to Chicago (we had 3 children with whooping cough) all was right until that afternoon a Las Vegas the conductor said our tickets were timed wrongly & said he would arrange to get new tickets to the Board through Dr McKay & asked him to take the matter up with them - [] at Chicago I told the [agent] to address all letters to the Board of [Foreign] Mission Toronto, as I thought that that office with the backing of the Board might get quicker satisfaction. The mistake was made by the ticket agent in the main office of the S.P. Ry in Los Angeles. The unused tickets are now in his hands. The tickets originated in St Francisco but were returned at Los Angeles./ main office because we were held there with whooping cough one month after a lot of correspondence we were unable to get refund of $10.73 from the B & A. Ry. This happened, during strike. Because of being forced to pay out an extra $160.28 - I was [willant] [friends] on arrival at Boston and asked the Board to forward $200.[5]0/NO through the American Board. (Dr Paton) Boston. I received $200 - out of this I was unable [to] refund $110.42 at the time & asked to be allowed to spread it out over the summer months - because of the rent & [coal] here which costs us $100.00/100 per [month].

I hope this will help you to understand our accounts - Please let me know how the correspondence turns out with the Southern Pacific - I certainly hope it turns out all right.

Sincerely Yours,
Stanley H. Martin

Ps. $125.00/100 must be a mistake by me. I [referred] to the

$110.40/100.

The above items marked excess Baggage. we are still contesting with the B & A.R.R.Co. Boston. I went to the Southern Pacific R.R. Co. in Chicago with a lawyer friend of mine & the chief acct there took notes on the mistake of the Southern Pacific agent at this time without missionary rate, because he had no clergy certificates for us to fill out at the station -. The chief accountant at Southern Pacific Co Chicago said that as he had the receipts showing that we had bought two sets of tickets one set of which was valueless that the company at Los Angeles would refund the second amount & send a cheque to 439 Confederation life Bldg. Toronto [and] the head office ([] [] []) of the Southern Pac. Co at Los Angeles - The main city ticket office in Los Angeles - said ticket was ok. The [Union] Pacific agent in Pasadena said it was ok & gave us compartment on the two tickets/ But the conductor stopped train at Las Vegas in Nevada & got us to buy a new ticket.

This I gave him as my permanent address. If you have not heard re this matter from them. Please write Mr [McGuinnis'] office. Southern Pacific R. [Co.] Los Angeles Calf. U.S.A. & ask them to hurry refund Dr. Martin's tickets / with whopping cough / we were guaranteed in California by Dr. [Bauthaus] of the [American] [head] & were forced to stay in Pasadena a month - hence expense to Pasadena while there I had special medical treatment by apt expert & am now completely recovered/

Sincerely Yours,

S.H.Martin

Dr. S.H. Martin's Travel acct

Dr. & Mrs. M. & three children

Recd from Mr McCaul

$766.38

Passage [in/on] [china] 733.62

1500.00

Recd from Board

At Boston 200.00

$1700.00

Total Expdture $1589.58

Balance due Board $110.42

Please deduct from Sept salary acct.

Expenditure -

Yen.

[Yong Jung] to [Harryway] 60.00

[Harryway] to Seishin 9.00

Seishin to Japan 80.00

Baggage. 7.25

Japanese Hotel [Fsuruga] 29.50

Seshin Hotel 23.80

Rickshaws	4.00	
R.R. Tickets to Yokohama	38.32	
Eastern Hotel		59.45
Bge. & Taxi		8.00
Steamship tickets. "china"		1467.24
Head Taxes	32.00	
Passports	40.00	
[canned F.]	Yen. 1858.56	

	Y.yen	
Brought Forward	Y. 1858.56	
	= $ 929.28	
St. Francisco Taxi	2.50	
R[omania] Hotel	59.00	
Mrs M & children to Pasadena		9.35

Dollars 1000

Tickets to chicago with missionary rate	106.84	
Same - forced by conductor because of ticket agents mistake		160.28
Compartment		66.75
Meals on Train		28.79

Telegram to Board	2.00			
Hotel Boston	19.00			
Meals "	16.00			
	1399.79			
	Brought			
R.R. Tickets Chicago to	1399.79			
Boston		58.83		
[Mrs M] [Boston] to Brunswick		5.00		
Taxi to [Mere Pt.]		2.50		
excess Baggage (Mrs M)			10.73	
Dr. M. extra day in				
[Romania] Hotel				5.00
St. Francisco Pasadena		4.00		
[Mr] M. Boston to St Johns				
Steamship ticket		75.00		
Baggage		1.50		
-excess bagge. chicago				
(Dr M) to Boston -			10.73	
Taxi to Charleston to				
Meet [Boat]		1.50		
half of Total [Tps.]			15.00	

/ total Exp. $1589.58

July 15, 1923

P. O. St. John's
Newfoundland

Dear Mr. Armstrong,

Mrs. Martin does not [illegible_2] enough to start for China at the end of August & we would prefer sailing in October. Even then I may go alone if it can be arranged. It would be the best for us all & would save expenses.

With best regards,
Sincerely yours,
S.H. Martin

August 22, 1923

Topsail, Nfdl'd[2]

Dear Mr. Armstrong,

As you are probably aware we have been corresponding with Mr. McGilvary, the W.M.S.[3] and several of the elders of the church at Orillia concerning the possibility of Mrs. Martin remining there, while I returned alone to Yong Jung. This situation, which is a very painful one for us both has been brought about by Mrs. Martin's overworking during furlough without proper help after the birth of our son. We had planned to go to Orillia, have Mrs. Martin operated on in Toronto and then, either of us or both with the children return to China. The consensus of opinion of our friends in Orillia, the Barkers and others, who know us well, is against any separation even for a short period. Now we find that after summer in Newfoundland, she does not feel even able to take the journey to Toronto. This, with the difficulty of getting help in Orillia, and of renting a house there, leaves us the only alternative of remaining, and having the operation here. Mrs. Martin is less well than she was a month ago.

So we are obliged to request a further leave of absence of a year. We have left everything we own in our home in Yong Jung,

2 Newfoundland

3 Women's Missionary Society

including most of my medical books. Do not think we are not anxious to return to the work into which we have put the best of our lives. We hope in a year that Mrs. Martin will have regained strength, and that we may be able to pay off our debts, which we have been quite unable to do on our present salary.

We would like very much to hear any report of Annual Meeting, if it has come to hand. Meanwhile we hope some effort will be made to keep the Yong Jung hospital open, and that more doctors and nurses will be forthcoming.

We are wiring directly to Halifax to cancel the tickets, and are returning the two hundred dollars passage money with regret that Mrs. Martin's increasing illness has cause this change of plan at the last moment.

With sincere regards,
S.H. Martin

August 29, AM 2 03, 1923

CANADIAN NATIONAL TELEGRAPHS

TELEGRAM

MDA74 50 NL

STJOHNS NF 8

REV A E ARMSTRONG

439 CONFEDERATION LIFE BLDG TORONTO ONT

PLANS CHANGED LEAVING SEPTEMBER FIRST ALL FAMILY GOING TO CHINA AFTER MRS MARTINS OPERATION AT TORONTO FOLLOWED BY ONE MONTHS BEST AT ORILLIA WHICH WILL TAKE CARE OF CHILDREN ADVISE ORILLIA OF PLANS WHERE ARE THE HALIFAX ORILLIA TICKETS HAVE NOT ARRIVE HERE X RAY PROBABLY FORTHCOMING WIRE REGARDING TICKETS

MARTIN.

1924

May —, 1924

Toronto,
Copy of letter sent by Dr. S. H. Martin

The Brantford Roofing Co.,
Brantford, Ont.

Dear Sirs:

Re Dr. Martin's roofing order for Kanto, Manchuria

The Canadian Pacific Railway will take care of the shipment as far as Kobe, Japan. Arrangements will have to be made with the Holme Ringer Company, Kobe, for trans-shipment to Seishen, Korea.

Will you kindly write to the Holme Ringer Company, Kobe, Japan, instructing them to forward the goods to Seishen, and that you will be responsible for the Freight charges, Kobe to Seishen, as agreed upon? I shall pay the charges from Seishen to Kanto.

Since the shipment has not yet left, please address as follows:

Dr. S. H. Martin,
KANTO, Manchuria
via Kobe and Seishen, Korea

Re marking of boxes. Each box or case should have the address on it, and numbered. In addition each box should have my initials and the initials of the Canadian Presbyterian Mission, eg.

S. H. M
CPM

Re enclosures, we are sending one box of books and two boxes of wall-paper to you to go forward with the shipment of roofing.

If there is any further information you require, I shall be in Orillia until the 8th May when I leave for the Coast to sail on the 15th for Korea.

Yours sincerely,

SHM/C

CUSTOMS, CANADA

TORONTO, CANADA

Entry No. 493.

Entry and List of Articles of domestic production and Foreign Articles, which are not subject to Export, Import Duties or Excise Duties, delivered by THE DIAREENOL COMPANY, LIMITED.

(   ) for exportation to CHOSUN (JAPAN)

(1) ________________________________consigned

as below:

N.B.-(1) State if shipped via United States Port, or direct from Canadian Port.

ADDRESS OF CONSIGNEE AND [-----] ON PACKAGES	NUMBER OF PACKAGES	ARTICLES	QANTITY	VALUE AT TIME AND PLACE OF SHIPMENT	
St. Andrew's Hospital,					
Canadian Presbyterian		50 Ampoules	Noodiarsenol		
Mission	1 Box	0.6 gram B240		52.50	
		50 Ampoules	30 gms		
		0.45 gram B240	Noodiarsenol	45.00	
Konto Via Kainei				97.50	
				39.00	
CHOSEN JAPAN			LESS 40%	58.50	

	We The Diareenol Co. Ltd. (owner, shipper or consignor), hereby certify that the above is a full and true statement of the kinds, qualities, values and destination of all the articles delivered by me for exportation as aforesaid.
	Signed by The Diareenol Company, Limited. Residence 243 ( ) St. Toronto, Canada. Date ( ) 2, 1923. (Signed) President SEE REGULATIONS ON THE OTHER SIDE.

1926

January 22, 1926

ST ANDREWS HOSPITAL
CANADIAN MISSION

LUNG CHING TSUIN, MANCHURIA
Via, Kainei, Korea.

Dear Dr. Avison;

I am sending you a copy of a resolution passed by our executive committee, so that you may have some basis for asking for our appointment to Severance.

Jan. 19th,

"In view of the possibility of Dr. Mansfield not returning, and in view of the medical needs of the field, we urge the Board to appoint another doctor immediately. We also favourably consider Dr. Martin's desire to transfer to work in Severance as soon as his place can be satisfactorily filled in Lungshingsun.[1]"

---

1 용정에 대한 중국 명칭인데 또 다른 철자법이다.

The Board at home will need a definite request from you before they act on this matter.

Hoping all your problems are not proving too hard,

With best regards to Mrs. Avison,

Sincerely yours,

(Signed) S.H. Martin.

P.S. Am leaving for Seoul next week to attend medical meeting and read a paper on "The Problem of the T.B. etc.

November 5, 1926

Lungchingtoun, Manchuria

Dear Mr. Armstrong,--

After our appointment by the Korea Council[2] to Severance, we sent a letter of resignation to the session of Orillia church. But before this reached China, the Presbyterian Board also appointed us to Severance. We have received a letter and cable from the Orillia Session urging us to remain with them.

Under these circumstances and since our resignation has not been accepted by Orillia Church or the Presbytery, we write to let you know that we are considering the possibility of a transfer. While not interested in doctrinal questions, we feel convinced that after eleven years, we ow it to them to stand by them if possible.

We regret [that the] cooperation did not go [illegible] as Mr. Young and I used every effort to bring it about on the field.

Very sincerely yours,

S.H. Martin

2 1926년 12월 21일자 편지에 나온 협의회와 동일하게 보임 (역사 사견)

P.S. You know better than anyone that Orillia has given large sums to our hospital here, and they feel keenly the loss of work in Korea. As to doubt you feel the loss of work in Formosa.

If we could work under the United Council here & still be committed with our friends in Orillia, it would be ideal. But it probably can't be done.

November 6, 1926

ST. ANDREWS HOSPITAL
CANADIAN MISSON

LUNGCHINGTHUN, CHINA
VIA KAINEI
KOREA

S. HAVILAND MARTIN. M. D. C. M.

Dear Mr. Armstrong,

The station had a meeting yesterday & we have drawn up a letter to Dr Black of [Fornesia][3]. Iam also writing him - hoping that he may be able to take over my work here.

Being a Winnipeg[4] man & a good unionist Ibelieve he ought to be happy here as the climate is much like Western Canada. The even [terms] of our way "has been upset by a cable from Orillia - but concerning this we are not at present taking any definite action, and do not intend to until we can talk it over at annual meeting in July & give the Council a chance to Provide for Severance if we should consider changing.

In the meantime the main thing is to get a good man for this

---

3 캐나다에 있는 도시가 아니라 중국 등 선교지일 가능성도 검토 (역자주)

4 블랙 박사가 공부했던 의과대학(마니토바)도 위니펙에 위치함.

station so as to keep all the missionaries up here happy. We had two men killed last night & two [houses] [burnt] 15h from here. I have just X-rayed another man shot in chest by bandits.

Yesterday a chinaman came up to our house & went through a ceremony - with many bows to the ground - in which Mrs Martin & I became his second father & mother - this to thank us for curing a serious disease of stomach by operation. He has become a Christian

Kind Regards to Dr McRay & Self.

Sincerely Yours SHMartin

December 21, 1926

ST. ANDREWS HOSPITAL
CANADIAN MISSON

LUNGCHINGTHUN, CHINA
VIA KAINEI
KOREA

S. HAVILAND MARTIN. M. D. C. M.

The Board of Foreign Mission
United Church of Canada

Dear Sirs,

Although much pressure has been brought by our former friends of Orillia and the Presbyterian Board. We have decided formally to remain as we were, members of the United Church Council in Korea.

Sincerely yours,
S.H. Martin

1929

October 10, 1929

SEVERANCE UNION MEDICAL COLLEGE
SEOUL, KOREA

Rev. Dr. A. E. Armstrong
Board of Foreign Missions
United Church of Canada
299 Queen Street, West
Toronto.

Dear Dr. Armstrong,

As we are in the midst of a study of the relation between sprue and pernicious anaemia, I would deem it a great favor if you could help us by letting us have the following information. (What is the physicians' report, especially the blood picture, of Dr. Foote) now on furlough; and (what was the condition and blood picture of Mr. Bonwick, of the Christian Literature Society of this city, who was under Dr. Fletcher McPhedran of Toronto? If it would not be too much trouble I should also like to know the physical condition and especially the blood picture of Mrs. Barker and Miss McKinnon of our Mission before they were reappointed to Korea.)

(We have had some eighteen foreign cases here who have been completely cured or sprue by the same treatment as that used for pernicious anaemia, and it is of the utmost importance for us to see that none of our pseudo-sprue cases pass into the more dreaded disease of pernicious anaemia. These notes will be of great benefit in watching the progress and health of the above mentioned missionaries.)

With kind regards from us and best wishes to Mrs. Armstrong,

I am

Sincerely yours,

[필기체 서명]

SHM : EK

1937

November 18, 1937

Wilmore, Kentucky

Dear Dr. Armstrong,

Thanks for your good letter. I think that as I am doing well down here in this mild climate, that I had better stay here until Spring. How-ever, I would like to take three more Medical magazines for Study Purposes. If that could be a legitimate expenditure on Post Grad. Study. If I went [home] now to Toronto I should have to Board - ? YMCA - as my mother is sick with Pernicious Pneumonia - at my sister's (no spare room)..Poor old [cl----]! - I am tired of "Talks on Peace". Wish I could help some of these [shot] cases. Cheerio!

With Kind Regards, Sincerely yours
Martin

3 Medical Magazines
for 6 mos. - $15-$20

1938

February 4, 1939

Wilmore, Kentucky

Lexington

Dear Dr. Armstrong,

Just a line to report - we are all well. This town has been one of great spiritual activity. I spoke before 150 new Student Volunteers for Overseas, after Dr. M. Stokes & I had spoken for a week in special meetings here. This last week, and now continuing there is a revival on in the college & churches. Hundreds have been "converted" or "changed." I have been having small groups of students in my home. All these boys have come out for Christ.

I am going next week to speak three days at a Student Volunteer Conference for Southern Colleges at Columbia, S.C. A China missionary, the Rev. Percy Culver from Foochow and I are traveling in his car, raising money for Chinese orphans and refugees. Wish I were in China.

Kindest regards,

Martin

[P.S.] Spoke in Lexington at two large Presby. Churches last Sunday. In one there were hundreds of U. of K. Students.

March 29, 1938

Wilmore, Kentucky

Dear Dr. Armstrong:

Will you please write an official note in duplicate to the American Consul General, Bay Street, Toronto, stating our financial support as it is at present under our Board. They wish this data in order to complete my U.S.A. non-quota viza. Thank you for your note of March 24, which only referred to period of service.

We are so sorry that Mr. Scott has had to leave so soon. Mrs. Scott needs his company, espeically if she returns to Korea. As things look at present I shall try to be in Toronto by April 25 to attend Board meeting. I would like to do medical study for the month of May and be back here for Edna's graduation exercises and special meetings at Asbury College, June 1. Ruth and Margaret will be here for vacation in July. We should like to spend the rest of the summer with them and then leave for the Orient, planning to arrive sometime in September.

[Signed]

On account of post graduate study
Expenses

Please request for me from the Executive Committee a grant of money sufficient to cover travel expenses to and from Wilmore, Kentucky, Also, room and board allowance for one month's study in Toronto Hospitals.

I will travel via New York where I will do two weeks medical study. Leaving here April 6th.

Sincerely yours,
S.H. Martin,

Missionaries are writing to know when I am going back to Korea, especially those living in Seoul, as they are depending upon me to take care of them. Dr. Ludlow, head of the surgical Department, is coming home permanently with? cancer of the throat. His able assistant, Dr Lee is in U.S.A. and cannot get back unless he wishes to go to jail with other Korean professors. Dr. Koh, his other colleague has resigned. He is age 60. My good friend, Dr. Errand of the S.P. Mission, has died with complications of "flu", kidney and heart. Dr. William Clark of the C.L.S. (S.P.M.) has to come to New York for an eye operation. These are some news items which are not so good, but "He is able to keep that which we have committed unto to Him against that day." With kindest regards to both.

Sincerely yours,

[Signed]

April 1, 1938

220 Lexington Ave
Wilmore Ky

Dear Dr. Armstrong,

By Bus. I plan to leave here Apr 6th - for New York - to do some special medical work there. Would you please send [me] to -

11. Arthur Ave.
Lynbrook - Long Isld. Ny

One clergy certificate booklet which I will try to use between N.y. & Toronto - I am not sure about the lines - Bus is a little cheaper between here & N.y. I want to stop off at Cincinati to see my old friend Dr. Reid of Korea for one night.

Re our trip down South,

I would like to suggest for your consideration an ideal way of putting across - mission on Church propaganda (I don't like the word.) - or human interest etc. In our trip though W. Va. Va. - GA. NC. SC. & Flo. We used the following outfit:

Re Photo - & Projector equipment for missionaries.

1 Films in color - Kodakchrome
$2.50 a roll
18 exposures Dufay $1.50 a roll
which we showed in a

2 Projector - similar to enclosed
An Argus projector - $25 if used for mission purposes

These films were taken with - an Argus or Seica camera - candid type taking the above 35 mm film - 50 ft can be loaded at one time costing $3.50 (580 exposures) - this will give a great number of exposures. This 35 mm film is the same size as used in standard movie. We had 180 pictures in a roll (one lecture) 1½ Hr. not much bigger than a quarter in diam. I could turn over a picture by the movement of a 1st finger & thumb, & talk. The Projector & films - weighed about 4 lbs

3 We used a bead glass screen that was in the form of a roller Blind 8′ x 6′. The people simply - gasped - at the beauty of the Kodakchrome film. You can take your time on each picture, or give your lecture first. I am getting the camera & could get a screen & projector for $35 if the Board wishes to have it. Special [saving] of $50. PT[O/U]

The advantages are -
Easy to carry. the screen can be put up & taken down - like

a picture Projector & camera - takes no space. films easily Mailed - or loaned - Mission could keep hundreds of rolls in very small space - to keep films indefinitely - wise to mount in small 2″ x 2″ slides. The projector has 100 watt lamp - not expensive. $25. We got into the best churches in Florida - in all the 1st Presbt. & Meth. Churches. We got $600 in 6 weeks, travelled in my friends Plymouth car, limited our food to 75 ls a day each. We travelled 4,500 miles for $90 - car up keep - oil - gas - tires etc. Mr. Culver was very kind to me. I simply spoke on operated presentation on movie machine & took sunbaths on beaches - while he made [speaking] [opportunities] - our time & work was given to raise money for starving Chinese orphans & children, out of 10,000 dead in Shanghai area. 7,000 were children in Jan. 1938.

Will see you at board meeting.

Kindest Regards,
SHM

If you can get me a room somewhere for a month would be glad; my sisters home filled tight. Mother is there. She asks $1.00 per day. I may be out at Western. good deal - TB son. Mrs Scott might take me [&] boys.[1]

---

1 편지 맨 앞부분에 기록된 내용이지만 형식이나 내용상 추신으로 보임(역자 주).

July 25, 1938

220 Lexington Ave.
Wilmore Ky

Dear Dr. Armstrong,

I have lately been visiting in New York City again - & met some of the heads of the N. Pres. Mission & N. Meth. Mission. As you know things really are upset out in Korea. Mr. Hooper taking Dr. Seber's place; thinks that the N.P. Mission will probably withdraw from S.U.M.C.[2] I was wondering how that would affect our Mission? & its relation with S.U.M.C. - In any case, because of the severe nerve stress we are bound to be under, I was wondering if it would be possible to have an extension of leave for a few months on health errands?

With Kindest Regards,

SHMartin

Mr. Hooper thinks that N.P.M. Mission findings will not be cabled but sent by special (return missionary)

2 Severance Union Medical College

September 28, 1938

11. Arthur Avenue
Lynbrook
Long Isld
NY

Dear Dr. Armstrong,

At this time of crisis, we think of our friends & our prayers go up for you & your colleagues at the F.M.B. Offices. How sad we were when we received the news of the passing of 'Don' - one of my best friends in the [orient], & the first missionary to greet us in Feb. 1916 - when we landed in Korea. Some years ago I examined him when he had what was apparently facial paralysis. Dr. MacLaren & I were a bit suspicious of a cerebral lesion at that time & no doubt it probably was. These things often run in families. I had a case of this type once - the patient was 26 years of age. As you know Japan is definitely linked [to] Germany in the present crisis. Even now there is a threat to Hong Kong. I wonder what policy the F.M.B & the [British] consuls will pursue in event that Great Britain declares war. In 1915 we in Canada interned Austrians - then allied with Germany. We are planning & glad to [return] to help to "bind up the Broken hearted" Koreans and help with my newer [residency] in TB. If there is a possibility of delay because of war, we would prefer [to keep] the children here. With Kindest Regards & love to Mrs.

Armstrong & the "Forbes".

Cordially yours,

S.H.Martin

Severance Union Medical College

Seoul, Korea

Dear Dr. Armstrong,

How are you all! Everything ging well here - lots of work & opportunity we are v. happy. - Enclosed a story to help our work & the schools. [L-ts] school & S. [UMC.] doing v. well. Best spiritual glow I've seen in 24 years finances also good.

Please have this put in the '<u>outlook</u>' - [Wilson] is a friend of mine.

Kindest Regards to all in the offices[3]

Cheers

SHM

3 이 부분은 실제 편지에서는 맨 위쪽에 있지만 내용상 편지 맨 마지막에 해당하여 번역자가 현 위치로 옮김.

Severance Union Medical College

Seoul, Korea

Dear Dr. Armstrong,

We greatly enjoyed Dr. A's visit here. He spoke at our chapel & saw a lot of our work & met some of our best people [under]standing the B. [course] etc. I have never been so [bright] or so happy. So far the J. are treating us well. But there is liable to be a 'flare up' in international affairs in the orient at any time. British & French[now convoying their liners & shipping - [C] warships (along China coast). We are only allowed long wave radios - all of our Magazines such as Readers digest have whole articles & pages removed. Most [goners] [ward/word] catalogues badly Mutilated. Some thoughts that cannot go by[mail].[4]

---

4 이 부분은 실제로는 편지 맨 상단에 있지만 내용상 편지 맨 뒷 부분이라 이 곳으로 옮겨서 배치했다.

1940

April 21, 1940

Severance Union Medical College

Seoul, Korea

Dear Dr. Armstrong,

Please let church papers & people know that it is difficult to let them know about our work, because of censorship etc. Please tell Wallace "Observer" old friend of mine, Queens - we do not receive the church papers. We had two "embargo" notices from police censors. I have received 3 copies in one year. Manchukuo, strange to say is different, they allow anything in there. All of our Reader's Digests - Time- Life (for people who take it) & all magazines have 3 & 4 pages removed at a time. Many books are banned. The M.R.A.[1] (Oxford group) going strong in Japan. We have a Viscount & other leaders over here for a meeting.

Fine spiritual glow spreading all through the missionary group - revivals breaking out all over the country.

---

1 Mora Re Arrangement

Severance is going strong. I am teaching Clinical Medicine, 3rd and 4th year students (seniors). Special 'preachers' & others at our morning services. Very little pressure on colleges. I am studying and using Japanese but I doubt whether evangelists need much of it. Nunns[2] are a great addition to the work. They are fine Xtians.

We have discovered and are using a new method of finding activity in TB cases. It is being published in Ame. Rev. of Tuberculosis.[3] 28,000 of our TB booklets were sold in 2 mos.

If you see Dr. Falconer or any of our Medical Board members tell them I'm doing full time Med. Clinic -teaching etc. including night calls. It is very convenient for me & hospital that we have a home on the compound.

Can't get taxes for "love" on money" gasoline restriction - no permits allowed for new cars - glad we didn't bring one. Street cars jammed, much poverty. 6 beggars dead --& left on the street in 4 days, only covered by heaven sent snow.

I was down south examining TB cases in a leper colony at my friend Wilson. 20 people were trying to get inside the "leper heaven," although they head not a trace of leprosy. They preferred being inside with leprosy than outside with nothing to eat and nowhere to live and nothing to do.

If rain doesn't come soon there will be riots all over Korea. All

---

2 Mr & Mrs. Roger Cole Nunn

3 American Review of Tuberculosis

the best rice has been commandeered & sent to Japan & to the J. soldiers & an inferior quality is imported from Rangoon. Our servant cook widow stands in a que, twice a week for six hours with 500 other people, & gets 10 handfuls of barley. 1st it was rice, maize & barley - then rice & barley - now only barley. Foreigners with others must have a ticket to get a pound of rice. All real gold articles must be given up by us. The ladies have been ordered by the British Consul to ask ahead of time for permission to keep their wedding rings. In our hospital we cannot get quinine, aspirin, iodine - no foreign drugs of any kind. We use paper dressings and paper bandages. No opium or codeine & very little morphine (special permit) & yet the Japanese are debauching the whole China coastal cities with tons of opium derivatives.

Medicine is very difficult here as we must substitute, substitute. In surgery, we can't get ether or chloroform & are using mostly spinal anesthesia. All reports seem to show that China is slowly but surely winning a $25,00,000 loan due to be paid back to USA in 5 years have been paid up in 3 years & another loan received, however.

The loving Father is taking care of us all & we are having the privilege of suffering a little with the Korean people. We are going to miss Dr. Black, but he & his family have surely made a grand contribution to the spread of His Kingdom 'overseas.'

Regards to Miss C & your good wife.

Sincerely,

Stanly H. Martin

In haste to go with Dr. Black, who is kindly taking this letter.[4]

4 이 부분은 실제로는 편지 첫 부분에 위치하고 있지만 블렉 박사가 편지를 전달한다는 추신으로 보임(역자 주).

November 28, 1940

(Due San Francisco Nov. 30th) 1940

On board the S.S. Mariposa

Dear Dr. Armstrong,

As it was difficult getting out of Korea & Japanese boats were not safe - also we were offered a clearance to leave directly from Chemulpo (Seoul) on this large "Evacuee ships." We find ourselves on board with some 530 missionaries travelling Tourist class. Miss Lawrence, one of our Severance Head nurses (also American Red Cross nurse) was removed from a Japanese boat at Yokohama by the Police & sent under guard without being allowed to speak to anyone to Seoul where she is now in prison (The charge is Communism!)

On this ship we have had many inspiring meetings & conferences, in which we have heard statements of the problems of the missionaries, & also their many trials & persecutions. Also of the faithfulness amidst representation of the natives and overall the pervading miraculous protection of Almighty God.

I am enclosing a copy of a statement drawn up by representatives of all the mission Boards working in the Far East. - Also a letter from our Australian Presbyterian Dr. McLaren & (if possible) a statement from the Methodist Korean Bishop (who was first to compromise - entirely on his own—under Police & government pressure)

Because of the difficulty of passing between U.S.A. & Canada & Vice versa - during this war period, also because of the head of immediate rest in a warm climate as ordered by doctors in Korea (I am having a complete medical examination done by Dr. Brush, medical adviser of the Southern Presbyterian Mission at Nashville, Tenn. en route to Kentucky. Drs. Rogers & Boggs of this Mission have examined me - especially Dr. Boggs who is a very good heart man.

Dr. Murray who examined me last advised me to get a report for our Board from a Mission Board doctor acceptable to our Board Medical Comm. and I have been advised to see Doctor Brush. I am having Dr. Brush give me a complete line of treatment to follow out in Kentucky until Spring. When Edna[5] & Margaret[6] graduate from Asbury College. Dr. Smith of Korea is also sending an electrocardiograph report which he kindly came to Seoul to do. Dr. Falconer has all the details of my medical report in Canada.

Just before leaving Korea I was unable to dress myself. Since resting on this boat I feel much better especially since taking digitalin & nitroglycerin tablets.

Please have two copies made of the "Mariposa" statement & sent to me - as I am giving you the latest 'news' of mission work

5 Edna Martin으로 마틴의 딸이다.

6 마틴의 부인

by sending you my only copy. A wireless message just received today (29th Nov.) says that a British missionary in North China was just been sentenced to seven years imprisonment by Japanese military. Said to have taught Communism in a bible class! (& Japan now doing her best to make a non-aggressive past e Communist Russia) Please keep informed Korean friends & mission - also please have ["Observer"] sent c% Edna Martin, Asbury College, Wilmore Ky. & cost taken from salary asst.

Thanks & Kindest regards,
Sincerely yours,
S.H. Martin

December 4, 1940

Nashville, Tenn.

Dear Dr. Armstrong,

I have just completed two day very through medical examination- including X-Ray films, Blood culture, counts, & electro-cardiograph examination of heart etc. Dr. Brush, the examiner for the Southern Presbyterian Board of Missions - was exceeding courteous & would not accept any fee & would not send a bill, but will gladly send a full report to our medical board through you. With exceptional attention to Dr. Falconer, who can compare the old & new records. Dr. Brush wishes to keep in time with me & offers to check me up again in the spring. I have been ordered to complete rest for four months now & then gradually increased regulated exercise.

I am enclosing a pamphlet from Dr. Fulton with whom I had a long & friendly talk about Korea. He thanked me for what I have done for their missionaries during the years. He had a draft [illegible] & arranged cheap good hotel fare for us. Please thank Dr. Brush when you write.

Just leaving for Wilmore, Ky.

Best regards,

S.H. Martin

December 9, 1940

My dear Dr. Armstrong,

After a long trip I am tired - but coming along. Your letter Nov. 20th addressed to Yokohama worried me quite a bit. You seem to have the idea that I was not planning to go back to Korea. That is not so. We are all hoping that with the rest I get here - as I did before, near my family & in a warm climate and under Dr. Brush's outline of treatment that I may be able to return to my work in our mission which I dearly love. I shall also be glad to have advice from our medical Board in Toronto after they see Dr. Brush's report. As Dr. B. advised me, there is nothing I can do or plan now until I have at least 6 month rest & another check up with him if possible as it is better to compare electrocardiograms made by the same machine & bey the Dane man.[7] He has offered to do this without expense.

In order to really rest, I would appreciate it if I had no real financial worry for the present - you will note in the executive minutes of our mission meeting at Hamheung 2clause the 'executive asks' that because of serious illness that we be taken care of. Please have it 'looked up' - we are not all unpacked. Just arrived today.

In case our work cannot be carried on in Korea - I would be

---

7 원문을 보고 수정해야 할 듯 (역자 사견)

glad to do TB work in Canada. So please keep any contact you can with the TB sanitorium you mentioned. I have a British license & with it & $100 I could get an Ontario license TB work is the thing I am supposed to do well & I have every qualification for it & plan to keep up my reading. The Canadian Medical Journal is coming free - wish I could afford more medical literature. Please do not think of us having to leave our mission but pray with us that we all get back to our posts as soon as the way is open.

There are many Presbyterians and other missionary families from Korean and other countries in this town. Next door is Rev. Coen of the N.P.M. at Seoul. Asbury has greatest number of missionary children, except "Wheaton."

We did not need to use the clergy certificates - as we were all fixed up by the travel agency. It was impossible for us to contact the N.Y.K. as we arrived Sat. AM at noon & Sat. afternoon/

Phyllis has not been well since last March following scarlet fever & may have to have a sinus operation. Glad to hear Miss Lawrence is out. A Mr. Benson, British at Kalgan, N. China is in for 7 years. A Manchurian jail with no heat.

When I get better some, I will write for the church papers.

Glad to hear the 'Observer' will be coming - we have no address as yet & Mrs. Martin is looking for a home. This is important as Asbury will cut tuition 1/2 while missionary children are living with their parents in the town. The grass is green here & I have been sitting on the porch of a Canadian friend's home, Prof. at 'Asbury.'

To our great joy Mary Thomas & her good mother met us at the Lexington Str. & today here we had a "Station Meeting" & talked over all the Mission affairs & [future] etc. Mrs. T. is [illegible]. She has more than any other great Xtian. Lost here better 1/2, Rev. John Thomas has on his tombstone in Florida "VALIANT FOR TRUTH." He was a great British Saint - Wales has turned out some great men. Mary told me how hard it is to go & come from Canada & she is doing her best to help her mother, although missing the Koreans as we all do. Please excuse this jumbled letter from 'tired hand' but it's still 'British' & will later on grasp your own in Toronto, if the doctors let me go back to finish up my job in Korea.

Best regards to Dr. Arnup & Miss Cranston from us both.
Cordially yours,
S.H. Martin

December 28, 1940

303 N. Walnut St.

Dear Dr. Armstrong,

A few notes - re our work in Korea. Please note the [enclosed] from one of the ladies on the Syenchun station just north of Pyong Yang. & have it sent back to me - ([Its] Coen's) Dr. Koh - who acted as med. [supt.] of the Hamheung hospital & did so well - increased income etc. - v. fine Xtian - now surgeon at Severance. Dr. Murray[8] & our exec. trying to get him to 'take over' the hamheung Hosp. in case all of our missionaries must leave. I had many long talks [c] Dr. Koh. He says, If I am appointed supt. by the mission & the missionaries leave, I would be looked upon as a 'spy' on "5th Column" st" & be arrested as a go-between - holding property for the Mission - also if a local board, such as they leave for the schools (academy) & girls H. school (McEachern), be appointed to run the hospital it would be very difficult as they no nothing of medical & Hospitals matters - He suggests That the hospital be sold to him with a 'gentleman's agreement that should the missionaries & Dr. Murray return that they have the control & Dr Murray act in the capacity that she now holds. Ithink Dr Murray would want to have Dr. Koh continue

8 Florence J. Murray (1894-1975)

as superintendent.

I saw your copy of letter to Dr Fulton hence the above note. I heard that the Southern Presbyt. Mission was not handing over their property to native church. The buildings have been boarded up & Servants - or men - paid to live on the property & watch it. In Japan the missions leaving the country - (such as the Anglican Canadian Mission) - have turned over all their property to the native church. I think that in our own mission that if possible we should try & have the native church carry on our work - Xtian teachers, doctors etc - with the idea of the missionaries taking up where they left off. Dr Koh is anxious for me to do the medical & especially the TB. work at hamheung when I go back - we have had a very fine time together at Severance. We will have to pray & trust & hope that the dictators will be defeated & justice etc again prevail.

Sincerely yours SHM.

I will you write later on conditions as I saw them in Seoul[9]

---

9 이 부분은 편지 맨 상단에 위치하지만 내용상 추신으로 보아야 함(역자 주).

1941

January 11, 1941

Wilmore, Ky.

303 N. Walnut St.

Dear Dr. Armstrong

Thanks for yours of the 9th. Our rent is $50.00 per month here, same as Coins & other missionaries.

An original article on Early diagram of TB has been accepted with thanks by the Canadian Med. Journal at Montreal for publication. Just had here letter from [Edton], result of studying of 260 cases early TB.

[____] for Britain - going strong down lie Lexington" Our girls are Kentucky.

Sinc. Yrs,

Martin

January 22, 1941

Wilmore Ky.

303 N. Walnut St

Dear Dr. Armstrong,

All well here! Had E. Stanley gone at Asbury College "force put Christ on His cross, force will last today, & tomorrow but the third day NO!!! - It will break itself on the fact of God. Resurrection, etc. I was also at Louisville to hear him - was also at State medical [-une] as guest. Have been asked to speak many churches, clubs etc but turned them all down. Am resting & reading Much TB & other med. Literature. Radio - says British Govt. asking British leave Japan. also in Papers here. On the other hand mission here say that "Things are improving & Japanese want some missionaries to return to Korea & Japan. I am writing Mr ODA of the Govt. Gen. K[eijo] inquiring after his TB. daughter Emi Ko - one of my patients & also to thank him for all he has done & is doing for us & our mission. Hope our rents & salary come soon -

Best Regards -

Sincerely yours SHMartin.

[please] send me [founds] & [Avsons] address, if possible

Thanks,[1]

S.H.M.

1 이 부분은 편지 상단에 있지만 내용상 추신으로 보아야 함(역자 주).

홍국평

연세대학교 신학과 구약학 교수

김성언

연세대학교 학부대학 객원교수

내한선교사편지번역총서 10
스탠리 마틴 의료 선교사의 편지 1916~1941

2023년 6월 2일 초판 1쇄 펴냄

지은이 스탠리 마틴
옮긴이 홍국평·김성언
펴낸이 김흥국
펴낸곳 도서출판 보고사

책임편집 이순민
표지디자인 김규범

등록 1990년 12월 13일 제6-0429호
주소 경기도 파주시 회동길 337-15 보고사
전화 031-955-9797(대표)
02-922-5120~1(편집), 02-922-2246(영업)
팩스 02-922-6990
메일 kanapub3@naver.com / bogosabooks@naver.com
http://www.bogosabooks.co.kr

ISBN 979-11-6587-495-7
979-11-6587-265-6 94910 (세트)

정가 18,000원

〈이 번역서는 2020년 대한민국 교육부와 한국연구재단의 지원을 받아 수행된 연구임
(NRF-2020S1A5C2A02092965)〉